会津さ来てくなんしょ。

　東日本大震災は東北と関東地方の太平洋側一帯で多くの人命と生活のすべてを奪い去りました。
　2011年3月11日を一生忘れることはできません。
　本書は 2011年4月の発行予定でしたが、大震災後に出版の中止を決定しました。災害時に観光ガイドを出版すべきではないという判断でした。
　会津地方は幸いにも震災被害が少なく、原発から100キロ圏外に位置していることもあり、多くの県内避難者を受け入れなんとか地域での生活を維持しています。しかし例年訪れる多くの観光客は激減し、経済的な危機状況にあります。会津は"風評による被災地"になりつつあります。
　この状況で私たちは再度協議をし、改めて本書の出版を決意しました。
　福島を復興にするためにどうか会津に来てください。赤瓦にリニューアルした鶴ヶ城、美しい自然の磐梯山と猪苗代湖へ遊びに来てください。この『會津 ManMa コンシェルジュ』が福島の復興への強い牽引力となればという願いを込め皆様にお届けします。
　福島を応援するために、「会津さ来てくなんしょ。」皆様のお越しを心よりお待ちしております。

2018 年 4 月　出版スタッフ一同

會津ManMa コンシェルジュ の使い方

「會津ManMaコンシェルジュ」は磐越自動車道を利用し、西会津・会津坂下IC、新鶴SIC、会津若松IC、猪苗代・磐梯高原ICを各エリアの出発点とし、車を使って日帰りドライブをしながら、会津エリアに点在する穴場的な美味しいお店を紹介。

掲載するお店はいずれも会津の美味しいお店を食べ歩いた3人のブロガーがおすすめする味。和、洋、スイーツ、カフェからイタリアンまで幅広くご案内します。

Keyword
【キーワードは磐越自動車道とマップ】

磐越自動車道を一路会津へ。各目的のICから自分が目指すエリアへとアクセスしましょう。また、各ページのいたる所にも詳細地図を配置してあるので、目的地に着いたら活用してください。

掲載ページ

インターチェンジを降りたら、このページを参照し、目次を見ながら目的の場所へ。

各お店の場所がジャンル別で掲載。

Contents 【目次】 會津ManMaの目次には2つの検索方法があります。

B級グルメ、ソースカツ丼、ラーメン、蕎麦など会津を代表する4大メニューを紹介しているページへアクセスします。

各エリアの観光情報から西会津・会津坂下エリア、会津若松エリア、猪苗代・裏磐梯エリアの地域別での食ページへアクセスします。

Cafe&sweet's
カフェ&スイーツ

お店の特徴や雰囲気、こだわりの味などを紹介しています。

蔵喫茶 杏
酒造の蔵カフェでいただく酒スイーツ
末廣酒造・嘉永蔵の蔵座敷を利用したレトロモダンな蔵カフェ。大吟醸酒シフォンケーキや酒ゼリーなどオリジナルの酒スイーツ、仕込み水で淹れた水出しカフェがいただけるのも蔵元ならでは。シフォンケーキは1ヶ運ぶ瞬間に大吟醸酒が優しく香る。金粉がかけられ琥珀色に輝く酒ゼリーには純米吟醸大廣を使い、ひんやりなめらかな喉ごしとほのかな甘みを感じる。芳醇な酒の香りがほろ酔い気分のちょっと贅沢な大人のデザート。末廣の升に入ったグラスもも嬉しい演出。

■MAP/P48-C-3
営業時間/10:00～18:00 定休日/水曜日(祝日は営業) 席数/24席 駐車場/専用駐車場20台(無料) 交通/JR七日町駅から徒歩5分
福島県会津若松市日新町12-38
TEL0242-27-0002

 ソファー有り

各インターチェンジ毎に分けられたカラーバー。目的のエリアにたどり着くのに便利です。

cafe KEI-KI (カフェケイキ)
お茶屋の奥の薔薇色カフェ
お茶の澤井園、さとい酒店の奥にて、母娘が二人で営業している隠れ家のようなカフェ。器もカトラリーもインテリアも雑貨も薔薇模様なので、薔薇好きにはこの上ない空間。ケーキは丁寧に作られており、濃厚な定番チーズケーキはもちろん、どれも絶品。テイクアウトもOKだが、優雅な気分でゆったりとしたひとときをカフェで楽しみたい。

■MAP/P48-D-3
営業時間/11:00～19:00(日・祝日17:00まで) 定休日/不定休 席数/10席 禁煙 駐車場/2～4台(無料) 交通/会津七日町駅から車で5分
福島県会津若松市日町1-42 TEL0242-27-6628
本日のケーキセット・580円

icon 【アイコン】

 赤ちゃんを寝かせられるお座敷や、ベビーシート・ソファー有り

 車椅子用のトイレを完備

 店内又はテラス席ペット可

 メモ
他に自家製パンのこだわりランチあり、人気。要予約をおすすめします。

お店のプチこだわり情報をメモしました。耳寄りな情報もあるかも?

レストラン・和食　軽食・カフェ　スイーツ・和菓子

ソースカツ丼　ラーメン　そば

カレー焼そば

MAPナンバーで指定されたページにジャンプすることで所在地が分るようになっています。また、お店の基本情報が掲載されています。

※お店の詳細情報や参考料金は2018年4月現在のものでお店の事情により予告無く変更される場合がございますのでご了承ください。またアクセス所要時間等は平常時を参考とした目安です。繁忙期には多少変動することがありますのでご注意ください。

| 目 次 | Contents

13 B級グルメ
もはや破竹の勢いで人気を増す西会津野沢の味噌ラーメン！美里ホルモン、会津坂下幻の旨馬丼、塩川鳥モツ、そして昭和四十年代青春のソウルフード・カレー焼きそば！

60 名物会津ソースカツ丼
軒並みソースカツ丼がメニューに並ぶ、会津の食堂。店ごとの素材の違いや味付けにこだわりがあり、食べ歩かないことには自分好みは見つからない。あなた好みのソースカツ丼はどれ？

会津の味

美味しいものや旨いものを食べるとやっぱり幸せ〜♪
会津地方を食べ尽くした食通のブロガーたちがおすすめする旨い会津グルメ。
昔から愛され続ける味や、昨今登場し始めたB級グルメまで美味しいお店が勢揃い。
さあ、あなたは何から食べる？

66
会津三大ラーメン
西会津野沢の味噌ラーメン、大塩裏磐梯温泉から採った塩を使った貴重な山塩ラーメン、正油ラーメンは基本の喜多方ラーメン。これを会津の三大ラーメンと呼ぶ！

82
そば処、会津。
雪国会津は、寒冷地や山岳地帯などでも育つ蕎麦の名産地。蕎麦による地域おこしの活動もあいまって、蕎麦職人の銘店がひしめく。挽きたて・打ちたて・茹でたての"三たて蕎麦"を味わえる。

| 目 次 | Contents

20 西会津IC
会津坂下IC・新鶴SIC

【西会津IC】●西会津・P24
【会津坂下IC】●柳津・P26 ●三島・P28 ●会津坂下・P31
【新鶴SIC】●会津美里（高田・新鶴エリア）・P34／（本郷エリア）・P38

40 会津若松IC

●会津若松・P44／●喜多方・P76

会津の旅

磐越自動車道沿線だけでもかなりの見どころが点在し、日帰りでは満喫しきれない会津の旅。
各インターから観光ポイントを絞って行くか、旨いものにターゲットを絞るか…。
あなたの目的に応じて、會津ManMaコンシェルジュがご案内!!

56 会津若松IC

●大内宿（下郷エリア）・P56

92 猪苗代・磐梯高原IC

●猪苗代・P96／●裏磐梯・P104

会津の新しいお店

フルーツピークス会津

果汁ぎっしり！タルトの上で輝くフルーツはまるで宝石

フルーツショップaokiでお馴染みの株式会社青木商店が展開するフルーツタルト&カフェのお店が、会津にオープン！色鮮やかなフルーツたっぷりのタルトが常時約20種類。果物本来の甘味を存分に味わえる。詰め放題のフルーツ・サラダジャーは、可愛くカラフルに仕上げて。レモン汁であっさり仕上げたペペロンチーノ風パスタ「フルーツパスタ」も大好評。パフェ等デザートも豊富だ。同店舗内のフルーツショップaokiには、フルーツマイスター厳選の果物が並ぶ。

■MAP/P53-C-3
福島県会津若松市東千石1-1
TEL 0242-85-7675
●営業時間／10:00～21:00（L.O.20:00）●定休日／元日●席数／42席●駐車場／47台（無料）●交通／千石通り東邦銀行滝沢支店向かい

ビストロ・カフェショコラ

シェフこだわりの本格フランス料理

『天皇の料理番』を見てこの世界に飛び込んだという熱～いシェフの、30年間こだわり続けてきた本格フランス料理がカジュアルに楽しめます。
地元の新鮮野菜とシェフの故郷青森の特産食材とのコラボ、こだわりのソース、週ごとに変るメニュー、舌も目も楽しめてこの味でこの値段？ちょっとビックリ！笑顔の看板娘リナさんは、只今花婿募集中！カモ。家族ならではのハーモニーが雰囲気にも料理にも溢れます。

■MAP/P53-B-3
福島県会津若松市一箕町亀賀字郷之原93-39
TEL 0242-85-6650
●営業時間／【ランチ】11:30～14:00【デザートタイム】14:00～16:30【ディナータイム】17:30～21:00(L.O.20:00)※前日までの完全予約制●定休日／水曜日●席数／16席●駐車場／有（無料）※ただし台数に限り有、できれば相乗りで！●交通／会津若松ICより車で10分

会津の新しいお店

CAFÉ DARRENT

選りすぐりのものたちに包まれて、心ほっと素に還る場所

英国アンティークの扉を開けると、店長ダレンさんがお出迎え。店名はオーナーの愛犬ダレンから。季節の果物を生かした自慢のタルトは、硬めのしっかりとした生地が特徴。一点物の器で供され、サクッと贅沢に頬張れば、至福のひと時へ。出雲の国産紅茶、ほうじ茶ミルクティ、自家製フルーツソーダ等どれも丁寧でスペシャル。

■MAP/P53-C-2
福島県会津若松市城前9-54
TEL 0242-27-3468
●営業時間／12:00〜19:00(L.O.18:00)、日曜日のみ12:00〜18:00(L.O.17:30)●定休日／月曜日(祝日でも休み)●席数／13席●駐車場／3台(店舗向かいに1台、近隣に2台)●交通／北出丸から小田橋通りに向かって二つ目の信号手前、すみれ食堂並び。西若松駅から徒歩30分。

■MAP//P49-D-4
会津若松市西栄町7-21　TEL.0242-93-6355
●営業時間／11:30〜15:00(LO14:30)、18:00〜22:00(LO21:30)●定休日／日曜●席数／26席●駐車場／9台●交通／JR七日町駅から車で5分

レストラン ラ レゾン

本格フレンチをもっと気軽に、もっと楽しく

「食材に素直な料理を作りたい」というオーナーシェフの情熱は、目でも舌でも楽しめる料理に表れる。「米沢三元豚のグリル」は、上質な脂身と甘味のある肉質の米沢三元豚が、トマト＆赤玉ねぎのソースと爽やかにマッチ。添えられるのは、地元契約農家から届く10種類以上の季節の野菜だ。ディナーは「10種色々な前菜が楽しめるプレート」(1,400円)とワインから始めよう。

←メインプレートランチのひと品「米沢三元豚のグリル」(1,200円)

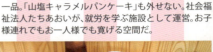

会津の新しいお店

Café Active

ゆっくり、のんびりしてほしいから…おいしいごはん、やさしい空間、作りました

絶品は「バターチキンカレー」。隠れカレー専門店を見つけたかと思わせるその美味しさは、さらっとしているのにコクがある。後を引く甘さと辛さの絶妙なバランス。「グーたくさんドリア」も双璧の一品。「山塩キャラメルパンケーキ」も外せない。社会福祉法人たちあおいが、就労を学ぶ施設として運営。お子様連れでもお一人様でも寛げる空間だ。

■MAP/P53-B-2
福島県会津若松市一箕町亀賀藤原22-16
TEL 0242-23-4361
●営業時間／10:30～16:00
●定休日／土曜日・日曜日
●席数／25席
●駐車場／5～6台(無料)他に同施設の空きスペースに駐車可●交通／会津バス停留所「大塚山入口」から徒歩5分(ヨークベニマル一箕町店裏手、ヤクルト健康ナビ藤原センター近く)、会津若松駅から車で5分。

メモ
Wifi使い放題。店頭で地元農家から仕入れた野菜を低価格で販売。

■MAP/P53-D-3
福島県会津若松市大戸町大字芦牧1130
TEL 0242-92-3520
●営業時間／11:00～15:00(L.O.14:30) ●定休日／なし※予約貸切の場合もあり ●席数／36席 ●駐車場／有(無料) ●交通／会津若松・新鶴ICより車で35分

メモ
県産ブランド麓山高原豚使用の「おい生姜焼き定食」「えごまソースかつ丼」も大人気！

DECCORA

「人の動く町」づくりを目指した、気軽に集まれる場所

芦ノ牧温泉街の気軽に集えるhotスペース、美味しさがデッコラ(会津弁で「いっぱい」「たくさん」という意味です)のDECCORA(でっこら)！
1番人気の「芦ノ牧温泉カレー」は、20種類以上のスパイスを2年かけて研究、開発した絶品。食後の発汗は、まるで温泉に入った気分です！DECCORAは大川荘が運営。食事された方には大川荘の入浴割引券(1,500円→800円※平日)をサービス！

西会津 × 味噌ラーメン

西会津地元人が こよなく愛する味噌ラーメン。

全国でも有数の長寿の町西会津は、健康な土づくりから取り組んだミネラル野菜が特産だ。収穫期のその野菜をふんだんに使い、豚挽肉を使った具沢山な味噌ラーメン。野菜とニンニクの旨みが味噌と絶妙にからみあったスープがこれかまた食欲をそそる。山間の越後街道旧宿場町にひしめきあうラーメン店の味噌ラーメンを是非食べ尽くすべし！『2010福島県うまいもんNO.1決定戦』で優勝した店もある。

B級グルメ

■650円

えちご家
2010福島県うまいもん NO.1決定戦優勝！
3種のブレンド味噌がこだわり

食の安全に意識が高く、地元か国産のものしか使わない。シャキシャキ野菜に、3種類のブレンド味噌と自家製スープがよく合う。野菜の歯ごたえや味噌の熟成度合いでラーメンの味が変わらないように、プロの勘を活かした一杯が味わえる。

■**MAP/P29-A**
福島県耶麻郡西会津町野沢字上原乙2431-1
TEL 0241-45-3248
営業時間／11:00～14:00・17:00～19:30
　　　　　（スープが無くなり次第終了）
定休日／木曜日　駐車場／20台（無料）

同気食堂
こだわりの鮮肉と煮込み野菜で

創業80年の精肉店が経営する食堂。一切炒めない野菜の風味が優しい。8種類もの野菜は初めからスープで煮込む。野菜の収穫時期にはミネラル野菜の生産者が野菜を持ってきてくれる、という西会津ならではのつながりが深いお店でもある。

■**MAP/P29-A**
福島県耶麻郡西会津町野沢字原町乙2168
TEL 0241-45-2852
営業時間／11:00～19:00
定休日／第3水曜日
駐車場／5台（無料）

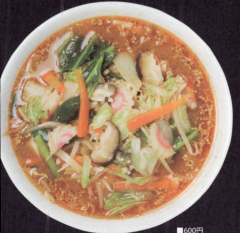

■600円

喜楽屋 神龍

**ピリ辛味噌で味わう
柔らかホルモンがクセになる**

創業は昭和初期。秘伝の味噌タレは代々引き継がれてきたもの。仕上に甘い味噌と七味が絶妙のバランス。ホルモンは驚くほど柔らかく食べやすい。東京で修業を積んだ四代目の中華料理はどれも本格派。田舎で鶏とカシューナッツ炒めが食べられる喜び。決め手になる豆板醤は自家製。辛すぎず旨みが強い。話題の会津カレー焼きそばもメニューにラインナップ！

■MAP/P37-B
福島県大沼郡会津美里町字柳台甲2331
☎0242-54-2326
営業時間／11:30～14:00・17:00～20:30
定休日／火曜日（祝日は営業）
駐車場20台（無料）※JR高田駅前

会津美里 × 美里ホルモン

B級グルメ

田植えや稲刈りの忙しさが、美里のホルモン文化を育んだ!?

お母さんたちが農作業で忙しくなると、お惣菜としてホルモン焼きを食堂に買いに行くという習慣があるらしく、それが旨い美里ホルモンを育てたようだ。そして2010年、町おこしご当地グルメとして"第1回ホルモン市"を開催！その後絶品B級グルメとして定着しつつある。実際、美里ホルモンを食べられるお店は10店舗ぐらいあるとか。まずは、一度その旨さを味わうべし。

海鮮・串焼 居酒屋 ゆうい

**テイクアウトもできるけど
旨い地酒でちょっと一杯。**

白もつ串がなんとも旨い。塩とタレの味つけを選べて1本120円！秋から冬にかけては、モツ煮込みもメニューに登場。門前横丁駐車場から徒歩1分ほどのところにあるので、ちょいと一杯、ついつい立ち寄ってしまう。

■MAP/P37-B
福島県大沼郡会津美里町字布才地651
☎0242-54-3848
営業時間／17:00～22:00
定休日／不定休
駐車場5台（無料）
※門前横丁駐車場も可

桜ホルモン(単品)800円
定食・1,000円

肉の丸長 本店

肉屋だからできる新鮮な桜ホルモン、特製辛子ダレがあと引く絶品。自家製米がおどろくほど旨い!

他店ではなかなかお目にかかれない桜ホルモンは食堂の隣で肉屋も経営しているから出せる一品。こだわりの桜ホルモンはすべて国産で、火を通さなくても食べられるほど新鮮!!特製の辛しダレのご飯が進む味付けも人気の秘訣。おすすめの焼肉定食は、桜ホルモン、桜カルビ、牛バラ、牛シマチョウ、豚焼肉から好きなものを2種類選べて1,000円!3種類選んでも1,100円とお得!!ご飯とお吸い物、漬け物、お通しまでついて大満足のメニュー。自家精米の甘味と旨味がたっぷりのご飯がこれまた美味しい。

■MAP/P37-A
福島県大沼郡会津美里町立石田字古宮前甲423-4
(新鶴駅前)　☎0242-78-2945
営業時間／9:00～19:30・定休日／毎週月曜日※祝日の場合は翌日休業・駐車場60台(無料)※大型バス可

会津坂下×

B級グルメ 美味・馬グルメ!

幻の旨馬丼!?
あなたも食べてみたいでしょ。
熱きイケメン軍団・会津坂下町商工会青年部が開発した"ばんげ旨馬丼"!イベントなどで提供中。実際のお店ではまだ食べられないが、今後メニューに加わるお店も出現するかも!?

イベントなどで提供中

会津坂下町は越後街道の宿場町として栄えた町で、昔から人々の生活と馬には密接な繋がりがあり、馬のせり場があったことから馬肉を食べる風習ができたと考えられている。「ばんげの馬刺し」は、赤身の肉が中心でそれをニンニクと辛子味噌で調合した特製薬味と醤油で食べるが、各店でそれぞれ違ったタレの味がある。馬肉は栄養価が高く、高蛋白・低脂質であることから、馬刺しの他に馬肉を使用した色々なメニューもある。

**ばんげ馬刺し
馬肉料理提供店**

■荒堀精肉店本店
☎0242-83-2558
■坂下ドライブイン
☎0242-83-3027
■小林精肉店
☎0242-83-2163
■雪花
☎0242-83-2559
■伊藤精肉店
☎0242-83-4518
■肉の荒堀
☎0242-83-2304
■小林畜産
☎0242-83-6350

メモ
馬肉はカットしたときに空気に触れると綺麗な桜色になることから"桜肉"ともいわれている。

どてちん丼・650円(税抜)

焼肉・居酒屋　竹原

**夜の焼肉店に登場!!
「どてちん丼」はかなりおすすめ!**

桜肉のなか落ちをたたいてご飯にのせた、オリジナルメニュー"どてちん丼"。きめの細かい桜肉本来の旨みを味わうことができる。肉職人の厳しい目で選び見極め、食べればとろける様な柔らかさと、ほど良い甘みがある国産桜肉(馬肉)だけを仕入れ販売している精肉店だから食べられるこの旨さ。

■MAP/P30-E
福島県河沼郡会津坂下町字惣六1　☎0242-83-1627
営業時間／17:00～21:00　(竹原肉店9:30～19:00)
定休日／月曜日・駐車場20台(無料)

カレーと焼そばの
コラボが絶妙な味

会津カレー焼きそば。それはふつうに焼きそばだけでも美味しいのに、そこにどうしてカレーをかける！とインパクトの強い謎めく食べ物。しかしこれが昭和40年代学生だった会津人のソウルフードになっている。

会津カレー焼きそばの発祥は、当時スーパーと食堂〝トミーフード〟を経営していた店長が、お惣菜で売れ残った焼きそばにカレーをかけてみたところ、思いのほか美味しく食堂のメニューに加えたのが始まり。〝トミーフード〟は安い！早い！旨い！の三拍子

が揃い、学生にはかけがえのない存在。その後一度閉店した〝トミーフード〟だが、地元の若手実業家が、地域活性化のためにもその味を復活させようと働きかけ、『会津カレー焼きそばの会』を結成。現在では15店舗の味を食べ歩きできる。そして伝説の〝トミーフード〟襲名店も営業中。

❷明華苑
カレー焼きそば　850円
福島県会津若松市栄町5-24　☎0242-33-9355
営業時間／18:30〜27:00　定休日／日曜日
駐車場／2台(無料)

❸トミーフードの やきそば
カレー焼きそば　500円
福島県会津若松市中町1-23野口英世青春広場内
☎090-6689-1032
営業時間／11:00〜17:00　定休日／不定休
駐車場／まちづくり会津(30分〜1時間無料)

❹Dog house
カレー焼きスパ　735円
福島県会津若松市大町1-1-50　☎0242-27-5858
営業時間／11:30〜14:00・17:30〜25:00
定休日／火曜日　駐車場／なし

❺居酒屋舞酒
スープカレー焼きそば　680円
福島県会津若松市上町1-19
☎0242-24-6420
営業時間／17:00〜23:00　定休日／年末年始
駐車場／なし

❻居食屋 太平楽
カレー焼きそば　700円
福島県会津若松市桧町3-3　☎0242-29-6385
営業時間／17:00〜23:00
定休日／不定休　駐車場15台(無料)

❼元祖会津中華そば めでたいや
カレー焼きそば　750円
福島県会津若松市千石町3-1
☎0242-33-0288
営業時間／火・土・11:00〜21:00・日祝祭・11:00〜20:00
定休日／月曜日※祝日の場合翌日　駐車場／40台(無料)

B級グルメ

会津若松 ×
会津カレー焼そば

残り物には福がある!?
学生が食べ親しんだ
〝トミーフード〟。青春の味。

❶ラーメン居酒屋 寿楽

創業昭和40年代。会津の老舗ラーメン居酒屋。昭和の雰囲気そのままな飲み屋街一角にある。カレー焼きそばは、店主こだわりの会津麺（中太ちぢれ麺）にさらりとしたカレーが程良くからまり、辛すぎることもなく深い味わいで美味。お酒を飲んだ後の〆にもってこいの一品。店主は「カレー焼きそばの会」会長。
カレー焼きそば950円
福島県会津若松市馬場町1-3
TEL0242-24-8641
営業時間／18:30〜27:00
定休日／日曜日　駐車場なし

❽鈴木飯店
カレー焼きそば　1,000円
福島県会津若松市門田町大字日吉字対馬館81-1 ☎0242-26-6477
営業時間／11:00〜14:00・17:00〜21:00
定休日／年中無休
駐車場7台(無料)

❾一風亭
カレー焼きそば　750円
福島県会津若松市天寧寺町1-5
☎0242-28-4885
営業時間／11:00〜14:30・17:00〜20:00
定休日／火曜日
駐車場10台(無料)

❿頓珍館
カレー焼きそば　750円
福島県会津若松市東年貢1-5-2
☎0242-28-3680
営業時間／11:00〜15:30・17:00〜21:45
定休日／無休
駐車場18台(無料)

⓫焼きや
カレー焼きそば　900円
福島県会津若松市大町一丁目8-25
☎0242-22-0120
営業時間／11:30〜13:30・17:00〜21:30
定休日／日曜日・土日祝祭一昼休
駐車場6台(無料)

⓬喜楽屋神龍(シェンロン)
カレー焼きそば　750円
福島県大沼郡会津美里町字柳台甲2331
☎0242-54-2326
営業時間／11:30〜14:00・17:00〜20:30
定休日／火曜日(祝日は営業)
駐車場20台(無料)

塩川の食堂で「鳥モツ」を注文すると、ほとんどの店で"鳥皮"を煮込んだものが出てくる。これには諸説あり、昔は卵を産ませるために多くの家庭でニワトリを飼っていて、卵を産まなくなった廃鶏を貴重なタンパク源とし、肉や皮、臓物をごった煮にしたいわゆる「鳥モツ煮」にして食べていた。それが戦後に食堂などで提供していたものが洗練され、現在の鳥皮がメインとなった「鳥モツ」になったらしい。お店によって味付けが異なり、鳥皮の種類やトッピング、料理方法などにも違いがある。雛鳥ならば皮の柔らかさが楽しめ、親鳥ならば歯ごたえのある食感が楽しめる。また、肉やゴボウなどと一緒に煮込む店もあれば、「鳥モツ」の巻きずしが食べられる寿司屋もある。各6店舗の創意工夫の味を食べ歩くべし！

喜多方・塩川 × 鳥モツ

B級グルメ

鳥皮は女性の味方。塩川に美人が多いのは鳥モツコラーゲン効果かも♪

新常葉・モツ定食750円

塩川鳥モツ伝承会 6店舗でそれぞれ違った味を食べ歩き！

❶新常葉

戦後の頃から塩川で食べられ愛されてきた「鳥モツ」を味わう

鳥のコラーゲンがたっぷりと入った女性に人気の鳥モツ。口に入れた瞬間はさっぱりとしているのに、噛めば噛むほど味が出てくる。後味スッキリ。皮には身が付いている部分も多い。

福島県喜多方市塩川町字反町919番地
☎ 0241-27-2051
●営業時間/11:30～14:00 17:00～22:00（ラストオーダー21:30）●定休日/月曜日 ●駐車場/15台（無料）

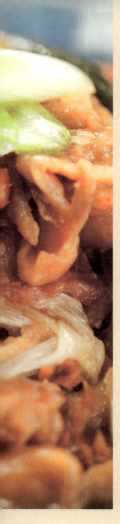

❷丸市食堂
調理の段階でニンニクが使われているが、食べてもにおいがしない。深みがあるがあっさりとした味わいで、女性にも食べやすくなっている。店主と往年の大スターツーショットあり！
■モツ定食630円
福島県喜多方市塩川町字東栄町二丁目5-5 ☎0241-27-3756
●営業時間／11:00〜15:00（夜は予約のみ）
●定休日／毎月5日
●駐車場／8台（無料）

❸丸万食堂
酒と醤油のシンプルな味わいで食べやすくアッサリで飽きのこない味だがコクがある。トッピングのネギが多めですっきりする。
■モツ定食735円
福島県喜多方市塩川町字反町909-6 ☎0241-27-2909
●営業時間／11:00〜14:00 17:00〜20:00
●定休日／不定休
●駐車場／10台（無料）

❹みさお食堂
鳥モツ一口一口が大きく食べ応えあり。一度油に通して油分を落としているので油が少なく食べやすくなっている。別メニューで豚モツもあり味噌の旨味がしみ込んでいる。
■モツ定食800円
福島県喜多方市塩川町米沢町1749番地 ☎0241-27-4938
●営業時間／11:00〜14:00 17:00〜22:00
●定休日／月曜日
●駐車場／10台（無料）

❺御食事処 若竹
一度に12kg煮込むという豪快な作り方だが、素材本来の味を生かした繊細な鳥モツとなっている。モツとご飯はかけ食べても美味しい。
■モツ定食700円
福島県喜多方市塩川町字小府根字畑ヶ田播地 ☎0241-27-4169
●営業時間／11:00〜21:00
●定休日／火曜日
●駐車場／20台（無料）

INDEX

西会津・会津坂下IC・新鶴SIC

新潟より

西会津IC (NISIAIZU IC)
新潟中央JCTより68.9Km

磐越自動車道

49

24 西会津

会津坂下IC (AIZUBANGE IC)
新潟中央JCTより80.3Km

252　49

26 会津柳津　31 会津坂下

新鶴SIC
ETC専用

22

28 会津三島　34 会津美里

会津若松へ

| 旅の箸休め | 会津三観音巡りは、心の安らぎ |
川の流れと人々の信仰 …………22

西会津 － 24・25
道の駅・交流物産館よりっせ
- ベジメルバーガー　● ふるさと薬膳楼………24
- 幸寿し　● 観音茶屋
- うえの菓子店　● KURA ………25

会津柳津 － 26・27
- すゞや食堂………26
- 岩井屋菓子店　● 香月堂
- 旬菜工房かあちゃんのまんまや………27

コンシェルジュからの情報／斎藤清美術館………27

会津三島 － 28
- みしま宿味処桐花亭
- ログハウスどんぐり　● お食事処つるや………28

エリアマップ／野沢・会津柳津・会津三島………29
エリアマップ／会津坂下IC・会津坂下・湯川………30

会津坂下／31－33
- Famiry Restaurant あかべこ　● キッチントヨボ………31
- 川上菓子舗　● ドゥ・ミール
- ラマ　● 韓国家庭料理 明洞(ミョンドン)………32
- 会津べこの乳アイス牧場　● 馬刺しの堀 堀商店精肉直売所
- ファットリアこもと………33

コンシェルジュからの情報／百姓ハウス………33

会津美里(高田・新鶴エリア)／34－37
- café & marche Hattando………34
- お食事処杜のこばやし
- 生江食堂　● そば処花扇………35
- 小林開花堂　● 吉原製菓　● 山喜屋………36
- 菜の花工房………37

エリアマップ／高田エリア………37
コンシェルジュからの情報／門前横丁美里蔵………37

(本郷エリア)／38－39
- café yuinoba………38

コンシェルジュからの情報
会津美里町インフォメーションセンター………38

- 會津亀屋萬年堂　● 中華 宝来………39

エリアマップ／本郷エリア………39

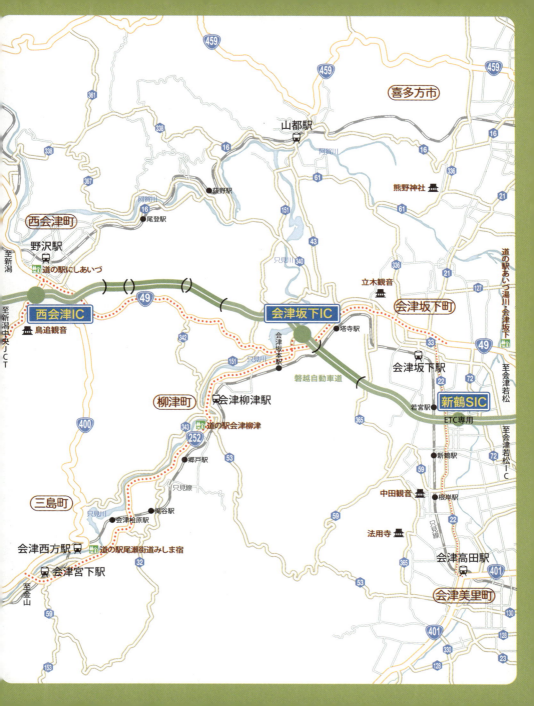

西会津・会津坂下IC・新鶴SIC

川の流れと人々の信仰

会津三観音巡りは、心の安らぎ

旅の箸休め

日本海に流れ込む阿賀川。新潟に入ると阿賀野川と呼び名が変わる。川をさかのぼり様々な文化がもたらされた会津地方。西会津、坂下、新鶴エリアは、古くからの神社仏閣が立ち並ぶ。

金塔山恵隆寺（立木観音）
一木造りで総項8.5mと全国でも最大級の千手観音像。弘法大師が夢のお告げで根がついたままの立木から彫ったといわれ、国の重要文化財に指定されている。
● 時間9〜16時・休日、無休
● 拝観料300円・P30台
● 会津坂下町

金剛山如法寺　（鳥追観音）
本尊の聖観音（鳥追観音）は行基の作とも伝えられ、807年に徳一がこれを本尊として如法寺を開創し現在に至る。子授けのご利益でも有名。
● 時間8時30分〜16時30分 休日、無休
● 拝観料・無料・P約100台
● 西会津町

普門山弘安寺　（中田観音）
中田観音は野口英世の母、シカが篤く信仰していたことでも知られている弘安寺に安置されており、国の重要文化財にも指定されている。
● 時間月・水・金の10時〜一日1回のみ拝観可能（要予約）
● 拝観料500円・P30台
● 会津美里町

西会津町　R49　会津坂下町　R121
鳥追観音　上宇内薬師　立木観音
大山祇神社　圓蔵寺　中田観音
柳津町　R49
会津美里町　法用寺　会津若松市
R252　R401　伊佐須美神社　R118

千手観音立像●恵隆寺

←上宇内薬師堂

像高183cmケヤキ材の一木造の薬師如来像。会津五薬師と伝えられる像のひとつで、国宝の勝常寺(湯川村)薬師如来坐像の流れを汲む十世紀の注目作。
●拝観時間/9:00～16:00 ●拝観料/500円 ●P5台 ●会津坂下町
連絡先/TEL0242-83-1936(齋藤)

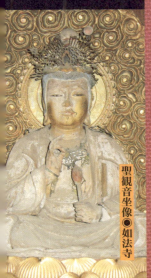

聖観音坐像●如法寺

大山祇神社

宝亀九年(778年)の勧請と伝えられている。御祭神は、大山祇命、岩長比売命、木花咲耶姫命の親娘三神。「なじょな願いもききなさる野沢の山の神さま」と親しまれ、地元や近県から年間三万人近くが訪れる。三年つづけてお参りすれば一生に一度の願いが叶うという。毎年6月1日～6月30日まで大山まつりが行われる。

コンシェルジュからの情報

温泉健康保養センター ロータスイン

山間の海水温泉で気軽にリフレッシュ

名前の由来であるギリシャ神話に基づいた内湯はエーゲ海をイメージさせる白とブルーのタイル。泉質はナトリウム塩化物強塩泉。疲労回復に効果があり地元の人に人気。さらりとしたお湯で、体の芯までポカポカと温まる。
無料備品：石鹸・ボディソープ、シャンプー、ドライヤー
※タオル別途必要。宿泊施設あり。レストラン桐のお料理も美味しい。

■MAP/P29-A

●営業時間/10:00～21:00 ●定休日/第4月曜日※祝祭日のときは翌日 ●駐車場/80台(無料) ●交通/西会津ICから車で5分
福島県耶麻郡西会津町登世島字下小島187
TEL0241-45-2900

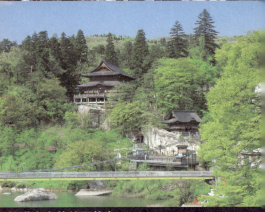

福満虚空藏尊圓藏寺

大同年間(806～810)に徳一が開いたと伝えられる圓藏寺の本尊で日本三大虚空藏尊のひとつとされている。境内には赤べこの由来といわれている撫牛がありこれを撫でると願いが叶うといわれている。●時間境内は自由　P50台

法用寺

大同3年(808)に徳一が現在地に再興したといわれ、本堂南に立つ三重塔は高さ19mで会津地方に現存する唯一の塔建築でもある。
●時間境内は自由　P 20台

西会津・会津坂下IC・新鶴SIC

ベジメルバーガー

食材はすべて地元西会津産。特製米粉バンズに、ミネラル野菜(レタス、トマト、たまねぎ)と、特産の車麩のフライに甘辛いソースを味付けたものをサンド。もちもちとしたお麩の食感が面白く食べ応えのある一品。売店で販売。

個数限定販売

ベジメルバーガー・300円

Information

西会津
【にしあいづ】

道の駅にしあいづ
交流物産館よりっせ

会津ころり三観音の鳥追観音や大山祇神社に近く、地元のミネラル野菜の販売、地元の名産品やお土産が並ぶ。また長寿の町として友好関係のある友好都市沖縄・古島市コーナーもあり、いつもにぎわいを見せる。

■MAP/P29-A
●営業時間/9:00～19:00(冬季12/1～3/15は9:00～18:00)※櫟は11:00～19:00●営業日/年中無休※12/31・1/1休み●駐車場/108台・大型9台(無料)●交通/西会津ICから車で2分
福島県耶麻郡西会津町野沢字下條乙1969-26
TEL0241-48-1912

← 煮こみハンバーグセット・940円

ふるさと薬膳 櫟 (いちい)

人気の煮こみハンバーグセットにはミネラル野菜のカラフルな素揚げと、丁寧にこねあげられた手の平大のハンバーグ。トマトソースにはクコの実をトッピング。体が喜ぶ優しいおいしさ。薬膳カレーやミネラル野菜のスイーツも薬膳でありながらリーズナブルでおすすめ。席数50席。夏季はテラス席でペット同伴OK。

テラス席ペット可

メモ
地酒や新潟
のお酒の取り
揃えが多い。

天ぷらそば・1,200円(税別)

幸寿し
新潟直送の新鮮なネタで勝負

山深い野沢で新潟直送の新鮮なお寿司が食べられるお店。店主の包丁が冴えるお寿司はシャリが小ぶりで食べやすい。人気のチラシ寿司も彩りがキレイ。刺身はもちろん、職人基本の卵焼きがおいしく、銀座で修業した技が光る。ランチはお椀小鉢がついて900円。

お座敷有り

■MAP/P29-A
●営業時間/11:30〜13:30・17:00〜22:00 ●定休日/月曜日 ●席数/20席 ●喫煙 ●駐車場/町営駐車場利用(無料) ●交通/西会津ICから車で3分・道の駅にしあいづ近く
福島県耶麻郡西会津町野沢字下條乙1969-15　TEL0241-45-3031

観音茶屋　権平そば

中庭を鍵型に囲む店内はとても静かで開け放たれた窓から入る風が気持ちのいい空間。ざるそばは、地元西会津の地粉100%の十割そば。中細で長め、腰の強い蕎麦は艶やかで独特のうまみを感じる。添えられたてんぷらはゴマ油の香りが鼻に抜け、季節の山菜や野菜を味わえる。観音様のお告げで栽培されたという権平そば。土地の恵みの賜物。

メモ
手打ちそば体験
一鉢5合(550g)
約2時間

■MAP/P29-A
●営業時間/11:00〜15:00(LO 14:30) ●定休日/月曜日 ※1/4〜3/下旬は降雪のため休業 ●席数/70席 ●喫煙 ●駐車場/10台(無料) ●交通/西会津ICから車で5分・鳥追観音となり
福島県耶麻郡西会津町野沢字如法寺乙3595-3
TEL0241-45-2371

お座敷有り

うえの菓子店
江戸から続く老舗菓子店。西会津特産のミネラル野菜スイーツも人気

くずゆ
(10個入)630円

Restaurant&café　KURA.
蔵造りの店内でいただく、多彩な洋食

蔵造りの洒落た空間ながら、地元客が普段着で足を運べるカジュアルさが人気の店。ランチの一番人気、ワンプレートランチ(950円〜)は3種類。ビーフ100%のハンバーグやパスタなどの主菜とともに、サラダやパン、グラタンなどが盛り付けられ、さらにデザート、ドリンク付きという欲張りなメニューだ。店内にはキッズルームもあり、ベビーマッサージやライブを開催している。

■MAP/P29-A
●営業時間/ランチ11:00〜14:00、カフェ14:00〜16:30、ディナー17:30〜21:00(LOフード20:00、ドリンク20:40) ●定休日/水曜日(祝日の場合は営業、翌日休み) ※冬季間カフェタイムは休み ●席数/24席 ●駐車場/7台 ●交通/JR野沢駅から徒歩6分
福島県耶麻郡西会津町野沢字原町乙2161-5
TEL.0241-45-2204

旧越後街道野沢宿に江戸時代より続く老舗。大山祇神社御用達の葛湯は本葛の滑らかな舌触りで悠久の時を経ても変わらぬ美味しさ。ミネラル野菜スイーツも是非ご賞味を。若松の野菜カフェ鼎でも食べられる。生キャラメルは元祖メーカーよりも柔らかく幻のように溶ける。

■MAP/P29-A
●営業時間/9:00〜18:30 ●定休日/無 ※1/1休 ●駐車場/無 ※向いの野沢公民館利用(無料) ●交通/西会津ICから車で3分
福島県耶麻郡西会津町野沢原町乙2144
TEL0241-45-2538

パスタランチプレート(950円)

会津柳津
【あいづやないづ】

日本三大虚空蔵尊のひとつ福満虚空蔵尊圓蔵寺の門前町として栄え訪れる人が絶えない。温泉旅館が立ち並び、名物あわまんじゅうを蒸しあげる湯気が情緒豊かな街並み。柳津名物の卵焼きを下にしたソースカツ丼や素朴な田舎料理のバイキングが味わえる。

ソースかつ丼・850円

店の裏に湧く大清水はお冷でいただくことができる

すゞや食堂
愛されて50年
柳津風ソースカツ丼

店の看板はソースカツ丼。その特徴は厚いロースカツの下に卵が敷いてあること。ご飯の上に千切りキャベツ、その上に焼き卵、そしてカツ、これぞ、柳津スタイルだ。女将さんが嫁いだ頃からメニューにあったこの逸品は、地元の人々から変わらぬ支持を集め、いつの間にか柳津の定番となった。先代から受け継いだソースはたっぷりかけてもカツ本来の味を邪魔しない。卵で遮られてソースがご飯に染み込まない点もたっぷりの量を完食できるポイントかもしれない。 お座敷有り

■MAP/P29-B

●営業時間/11:00〜14:00 ●定休日/7のつく日(時々変更有り)
●席数/20席 ●喫煙 ●駐車場/4台(無料) ●交通/会津坂下ICより車で10分
福島県河沼郡柳津町柳津字寺家町甲145-1　TEL0241-42-2516

あわまんじゅう・(1個) 100円

うぐい最中・(1個) 110円

岩井屋菓子店
5代つづく、災難にあわない あわまんじゅう

福満虚空藏尊のお土産で有名な柳津名物あわまんじゅうの元祖。災難にあわないという語呂あわせで昔から親しまれている。かつてあるTV番組でも話題になった栗饅頭がお薦め。ふんわり蒸しあげられた饅頭の皮とあんこと栗がおりなすハーモニー。

■MAP/P29-B
●営業時間/9:00～17:00 ●定休日/不定休※月に約2回休 ●席数/6席 ●禁煙 ●地方発送可 ●駐車場/5台(無料) ●交通/会津坂下ICより車で10分
福島県河沼郡柳津町大字柳津字寺家町甲162　TEL0241-42-2107

香月堂
自家製あんこのこだわり 福満虚空藏尊御用菓子

第18回全国菓子大博覧会・名誉金賞受賞を堂々受賞したのがうぐい最中。地元に生息するうぐいという魚の形を模してありサクサクとした最中の皮に詰められたあんこは自家製。丁寧に小豆を炊いたものなので、艶が違う。すっきりと切れの良い甘さ。本物の味わいをぜひ！

■MAP/P29-B
●営業時間/8:00～18:00 ●定休日/不定休 ●地方発送可 ●禁煙 ●交通/会津坂下ICより車で10分、福満虚空藏尊圓藏寺正門の下
福島県河沼郡柳津町大字柳津字寺家町甲170　TEL0241-42-2305

旬菜工房　かあちゃんのまんまや
会津のおふくろの味に逢えるお店

バイキング・780円

よ～ぐきらったなぁし。いっぺえあがらんしょ(たくさん食べてね)。といつも元気であかるい店主の声が店の中に響き渡る。田舎料理のバイキングは自家菜園の野菜や、山菜、会津の郷土料理や、家庭料理が常時15種類ほど大皿に並ぶ。すべてが地元の土で育った安心安全な食材。故郷を持たない人も、実家のおふくろの味に会えますよ。

■MAP/P29-B
●営業時間/11:30～13:30(料理がなくなり次第終了) ●定休日/土・日曜日 ●席数/24席 ●夏季のみテラス20席 ●喫煙 ●駐車場/20台(無料) ●交通/会津坂下ICより車で5分
福島県河沼郡柳津町大字柳津字谷沢乙1795
TEL0241-42-2007

メモ
夏はテラスでさわやかな風に吹かれて御食事ができる。お子様の食事料金は年齢によって異なる。

テラス席ペット可

コンシェルジュからの情報

斎藤清美術館

斎藤画伯の作品約90点を展示。年に4回企画展を開催している。所蔵作品集や複製画、絵はがきなど関連グッズも多数販売。多目的ホールの只見川に面した大きな窓からは作品の題材となった風景が望める。

■MAP/P29-B
●開館時間/9:00～17:00 ●入館料／大人500円、高校・大学生等300円、小・中学生200円、未就学児無料
※身障者観覧料無料(身障者手帳の提示) ●定休日/月曜日
※月曜日が祝祭日の場合翌日 ●禁煙 ●駐車場/80台(無料) ※道の駅会津柳津と共用 ●交通/会津坂下ICより15分
福島県河沼郡柳津町大字柳津字下平乙187　☎0241-42-3630

情報
斎藤清アトリエ館が、ここから徒歩5分のところにある。画伯が柳津町に創作の場を移し暮らしていた場所で、版画制作のための作業台や彫刻刃を画伯が生前使用していたそのままの様子で展示。※駐車場なし：美術館かつきみが丘町民センターの駐車場を利用

西会津・会津坂下IC・新鶴SIC

地鶏親子丼・750円

みしま宿味処 桐花亭
奥会津の玄関口で味わう、
ジュ〜シィ〜な会津地鶏親子丼。

会津地鶏のとろとろ玉子と旨みのあるお肉が贅沢に味わえる。また、地鶏の鶏ガラでお肉と野菜を煮込んだスパイシィーな"地鶏カレー"もおすすめ。道の駅尾瀬街道みしま宿内にあり、売店では会津地鶏肉や編み組細工、奥会津の物産を販売している。

■MAP/P29-C
●営業時間/10:00〜16:00※物販8:00〜18:00●定休日/年始・その他不定休●席数/32席●全席禁煙●駐車場/普通50台・大型4台(無料)●交通/会津坂下ICより14km・国道252号沿い
福島県大沼郡三島町大字川井字天屋原610
TEL0241-48-5677

ベビーシート有り

会津地鶏モモ塩焼き定食
1,000円

会津三島
【あいづみしま】

会津地鶏は、会津地方各地で飼育していたものを昭和後期に鑑定したところ固有の種であると確認された。
平飼いで育ったその肉質は、脂質とのバランスが良くしっかりとしまっていて深い旨みのある味わいがある。

ログハウス どんぐり
塩焼き定食は会津地鶏の旨みをそのまま味わえる

木々に囲まれたログハウスで、優しい木のぬくもりの店内。会津地鶏の鍋、からあげ、どんぶり、手打ち蕎麦などメニューが並ぶ中、一押しは素材を生かしたシンプルなモモ肉塩焼き定食で地鶏の深い旨みが味わえる。甘みのあるお米は店主が育てた三島産有機米コシヒカリ。味噌も自家製。地元常連客との冗談交じりの会話も楽しい。

■MAP/P29-C
●営業時間/10:00〜15:00(冬期間時間変更有)●定休日/月曜日●席数/26席●喫煙●駐車場/30台・大型10台(無料)※生活工芸館隣●交通/会津坂下ICより16km・生活工芸館隣
福島県大沼郡三島町大字名入字諏訪ノ上410
TEL 0241-52-2932

お食事処 つるや
季節限定の地鶏そば。会津地鶏ガラのダシで作る温かいけんちん汁。

只見川渓谷沿いの露天風呂や屋形船も楽しめる、早戸温泉つるの湯併設の食堂。奥会津彩の里でとれたそば粉の十割蕎麦を会津地鶏とごぼうのけんちん汁でいただく。店長が毎朝手打ち。新蕎麦の季節10月〜3月までの限定メニュー。

つるの湯のお座敷有り
つるの湯と共有

■MAP/P29-C
●営業時間/平日11:00〜14:00・16:00〜19:30(冬季18:30)日祝祭日11:00〜19:30(冬季18:30)0●定休日/水曜日●席数/6席●全席禁煙●駐車場/30台(無料)※つるの湯と共有●交通/会津坂下ICより23km
福島県大沼郡三島町大字早戸字湯ノ平888　TEL 0241-52-3324

28

会津坂下
【あいづばんげ】

その昔から、人、馬が水運で行きかう人が多く、古墳が数多く残るのもその証。"会津ころり三観音"のひとつ立木観音があり、坂下人気質なのかユニークな飲食店が多い。

西会津・会津坂下IC・新鶴SIC

Family Restaurant
あかべこ
**豊富なメニューにびっくり
地元で愛されるレストラン**

町のファミレス。何を食べるか悩むほどメニューが豊富。ハンバーグ、ナポリタン、白身魚のフライ、ガーリックトースト、サラダ、コーンスープと満遍なく一度に楽しめるイタリアンBセット。手作りハンバーグステーキは厳選牛肉と独自の数種類ものスパイスを配合し、丹念に仕込まれ柔らかくておいしい。

メモ
環境を意識したエコスティックを使用。"うつくしま健康応援店"ヘルシーメニューの提供や分煙に取り組む。
無線LAN対応。

イタリアンBセット・1,449円

■MAP/P30-E
●営業時間/11:00～22:00 ●定休日/毎月第1・第3木曜日 ●席数/65席 ●分煙 ●駐車場/20台(無料) ●交通/会津坂下ICより車で15分・国道49号沿い
福島県河沼郡会津坂下町字上口606-1　TEL0242-83-2683

キッチン トヨボ　本格ログハウスで辛口カレーを

本格ログハウスで観葉植物に囲まれた和む空間。店名はご主人のニックネーム。メニューのネーミングがユニーク。"オムライスとインディアンの恋"はオムライスに辛口カレーがかかっていてドリンク付きの人気セット。食後の珈琲も美味しい。

■MAP/P30-E
●営業時間/11:00～20:00 ●定休日/月曜日※祝日の場合翌日休み ●席数/20席 ●喫煙 ●駐車場/8台(無料) ●交通/坂下厚生総合病院斜め近くの踏切そば
福島県河沼郡会津坂下町沢ノ目1763-1　TEL0242-83-1734

オムライスとインディアンの恋(ドリンク付)・972円

西会津・会津坂下IC・新鶴SIC

ラマカレー・600円

メモ
店内にネパールの雑貨がある。

ラマ　峠のオアシスで本格カレー

峠と言えば茶屋のイメージ。しかしここ七折峠では本格カレーが食べられる。ネパールにホームステイ経験のあるオーナーが作るカレーはネパールともインドともいえぬ、オリジナルカレー。ガラムマサラの効いた深みのある辛さ。店主ご自慢はネパールオーガニック紅茶の本格チャイ。コーヒーも注文を受けてから豆を挽き丁寧にドリップ。

■MAP/P30-D
●営業時間/12:00～20:00※カレーがなくなり次第終了 ●定休日/不定休 ●席数/18席 ●禁煙 ●駐車場/10台(無料) ●交通/会津坂下ICから車で5分
福島県河沼郡会津坂下町大字坂本字糠塚乙1149-2
TEL0242-83-3963

あげまんじゅう(1個)・70円

川上菓子舗
どこかなつかしい和菓子

店舗わきに工房があり、職人の嘘のない手造りの技を見ることができる。お薦めはみそまんじゅう。ふっくらと蒸しあげられた饅頭の皮は自家製味噌が練り込んであり、自慢の自家製あんこと出会って懐かしさをかもしだす…、おばあちゃんを思い出す味!!どこか昭和を感じる和菓子屋さん。

■MAP/P30-E
●営業時間/8:00～19:00※冬季は18:00 ●定休日/不定休 ●席数/3席 ●禁煙 ●駐車場/3台(無料) ●交通/JR会津坂下駅から車で5分・厚生病院西側
福島県河沼郡会津坂下町字中岩田85
TEL0242-83-3306

ドゥミール
丁寧に焼き上げられた絶品バームクーヘン

バームクーヘン(1ピース180円～)

湯川産の米粉100%の「はちみつロール」は、しっとり&しっかりとした食感。米粉と小麦粉の絶妙なブレンドで誕生したシフォンケーキは、ふわふわの軽さと柔らかさ。店自慢のバームクーヘンはきめ細かく、味わい深い。会津の恵みと手作りにこだわったスイーツは、一つ一つに作り手の愛情が込められている。道の駅あいづ湯川・坂下にある「12か月のジェラート」の姉妹店。

■MAP/P30-F
●営業時間/10:00～17:00 ●定休日/不定休 ●席数/店内3席、テラス席4席 ●駐車場/20台 ●交通/国道49号線佐野目を河東方面へ。交差点からは車で2分
河沼郡湯川村大字熊ノ目字三ツ江2428-7　TEL0241-23-6148

韓国家庭料理　明洞 (ミョンドン)
韓国家庭料理をリーズナブルな価格で堪能

韓国でおなじみのビビンバが一番人気。辛さ控えめで日本人の舌に優しい。辛めがお好きな方にはオーナーが様子を見て韓国唐辛子の粉を調整。チヂミやチゲなどお馴染みの韓国料理も人気。

メモ
まちの駅はな花佐藤生花店の中に店舗を構える。韓国直輸入の食材や雑貨をお購入できる。コーヒーはセルフ無料サービス。

■MAP/P30-E
●営業時間/11:00～14:00・17:00～21:00 ●定休日/不定休 ●席数/16席 ●喫煙 ●駐車場/24台(無料) ●交通/会津坂下インターから車で10分

オリーブオイルの
冷やかけ蕎麦・1,100円

べこの乳ソフトクリーム・270円

ファットリアこもと
**美味しい食材、心を込めた
料理で幸せを一緒に味わおう**

料理の主役はご主人が丹精込めて栽培した有機野菜。それを、こもと母さんが色鮮やかなピザやパスタに仕上げる。「オリーブオイルの冷やかけ蕎麦」は野菜とオリーブオイル、蕎麦の相性が抜群のひと品。隣接する直売所には珍しい黒鶏ヒペコネラの卵や有機野菜が並ぶ。

■MAP/P30-D
●営業時間/10:00〜20:00●定休日/月曜日(祝日の場合は営業、翌日休み)●席数/30席●禁煙●駐車場/20台(無料)●交通/会津坂下ICから車で3分
福島県河沼郡会津坂下町坂本糖塚乙1144
TEL0242-83-1101

会津のべこの乳
アイス牧場
**ギュッと搾った生乳の
おいしさ丸ごとの
濃厚ソフトクリーム**

会津中央乳業の直営店。会津産の生乳の旨みやコクをダイレクトに感じる。"会津の雪ヨーグルト"はさらに濃厚を増した滑らかな味。本来の生乳のもつうま味をクリームにしたような滑らかな舌触り。一度食べたら、他のヨーグルトが物足りなくなるおいしさ。

■MAP/P30-E
●営業時間/10:00〜17:00※冬季16:00迄●定休日/年中無休●席数/8席●禁煙●駐車場/30台(無料)●交通/会津若松インターから15分
福島県河沼郡会津坂下町大字金上字辰巳19-1
TEL0242-83-2324

コンシェルジュからの情報

立川ごんぼで町おこし
かぁちゃんパワーで元気！

百姓ハウス
**日本で唯一のアザミ葉ごぼう
会津伝統野菜『立川ごんぼ』まぜらんしょ！**

会津坂下ICそばのまちの駅。元気のいいお母さんたちがとびっきりの笑顔で迎えてくれる。一番人気は地元で採れた立川ごんぼと会津地鶏を使った「まぜらんしょ」。三合の炊きたてご飯に混ぜるだけ。地鶏の濃厚なうまみと油がご飯全体にからむ一品。地元でしか採れない立川ごんぼは歯ごたえがふわりと柔らかく、控えめながら香りがよく味全体の立役者になっている。

■MAP/P30-D
●営業時間/9:30〜16:00●定休日/月曜日●席数/10席●喫煙●駐車場/20台(無料)●交通/会津坂下インターから車で3分　福島県河沼郡会津坂下町坂本糖塚乙1147
TEL0242-83-5065

桜にこみ・500円 ※テイクアウト

馬刺しの堀
堀商店精肉直売所
とろける馬肉煮込み

馬刺しならここ！と地元客でいつも賑わっているお店。まず目に飛び込むのはサロンヒーターでことことと煮込まれている大鍋の馬肉の煮込み。味付けがちょうどいい甘辛さ。試食可能。隣の食堂では桜刺身定食(1,000円)もおすすめ。

■MAP/P30-E
●営業時間/肉屋9:30〜19:00・食堂(坂下ドライブイン)11:00〜21:00●定休日/不定休●駐車場/30台(無料)●交通/会津坂下ICから車で10分
福島県河沼郡会津坂下町字古町川尻446
TEL0242-83-3027

メモ
黒糖パン・揚げパン・皮脂巻き・大福・凍み餅など、昔ながらの手作りおやつも季節に応じて販売。

まぜらんしょ(1缶)・700円

会津美里
【あいづみさと・たかだ・にいつる】
高田・新鶴エリア

伊佐須美神社の門前町としてにぎわった旧高田町。徳川家康から家光まで三代の将軍に仕えた天海僧正ゆかりの地といわれている。最近ではB級グルメ"美里ホルモン"も話題に！

まるごとトマトのパスタ
（ドリンク、サラダ付き）・980円

Café & marche Hattando
カフェ＆マルシェ　ハッタンドウ

美しい風景に包まれて時を忘れる癒やしのカフェ

窓から眺める景色は新鶴地区が誇る一面の葡萄畑。穏やかな雰囲気が満ちるこの店の名は会津美里町の旧道「八反道」から名付けられた。地元の食材を中心とした料理が自慢で、トマト1個が大胆に盛り付けられたパスタや、会津農林高校で育てられた新鮮卵を使ったオムライスなど、食材そのものの味が存分に引き出されている。会津本郷焼きの器に入ったパンケーキカップも人気。

■MAP/P37-A
●営業時間/11:00～17:00 (16:30ラストオーダー)●定休日/木曜日●席数/38席●禁煙●駐車場/8台(無料)●交通/JR根岸駅から車で2分
福島県大沼郡会津美里町米田字吹上下甲505
TEL070-6624-6340

会津薬用にんじんラーメン・930円
正油ラーメン・600円

中華そば・600円

お食事処 杜のこばやし

300年の歴史をもつ神秘の霊薬「会津薬用にんじん」の天婦羅

地元で「町のファミレス」と称されるお店。ラーメン・丼物・洋食の他、パフェなどパーラーメニューも豊富。一番人気は正油ラーメン。澄み切ったスープに中太手打ち麺。脂身の少ないチャーシュー、メンマ、なると、ねぎ、青物のトッピングと本当に会津ラーメンのスタンダード。お薦めは高田ラーメンセット。正油ラーメンに貴重な会津美里産薬用にんじん天婦羅付。

■**MAP/P37-B**
●営業時間/10:30〜19:00
●定休日/不定休●席数/40席
●禁煙●駐車場/店舗わきの町営駐車場利用（無料）●交通/JR会津高田駅から車で3分
福島県大沼郡会津美里町字高田甲2760
TEL0242-54-3267

お座敷有り

生江食堂

伊佐須美神社のお膝元　煮干しの香りで腹が鳴る

町内一の人気店。一番人気は中華そば。香りがそのままの魚系だしのスープで醤油がまろやか。手もみの中太縮れ麺で、モチモチ感がありほのかに感じる甘みと、引き上げたスープとの相性が抜群。自家製チャーシューはバラ肉。辛味中華をオーダーすると、ひき肉とオリーブオイル、6種類の香辛料を練った辛味玉が添えられ、溶かしてゆくと絶妙なウマ辛スープになる。県外ナンバーの車も多く見られる。

■**MAP/P37-B**
●営業時間/11:00〜13:30
●定休日/木曜日（祝日の時は営業、前後に代休）●席数/15席
●禁煙●駐車場/8台（無料）
交通/伊佐須美神社より西側徒歩3分
福島県大沼郡会津美里町高田甲2835
TEL0242-54-3322

お座敷有り

そば処 花 扇 （かせん）

三種のつゆで楽しめる水車石臼でじっくり挽いた手打ちそば

豪農の古屋敷をリフォーム。水車の石臼があり、使う分を毎日じっくりと挽く。蕎麦は注文を受けてから茹で、色は野性味があり少し太め。コシが強く噛みしめるとそば独特の甘さがあとから追いかけてくる。つゆは鰹ダシの冷たいつゆ、地元大根の高遠、鶏ダシの温かいつゆの三種。高遠の大根の優しい甘みは味を一段と深める名脇役。天ぷらは海老や地元で採れた旬の野菜各種。会津産りんごや身しらず柿などの変わり種も味わえる。

天ざるそば・1,296円

■**MAP/P37-B**
●営業時間/11:00〜15:00
●定休日/月曜日※祝祭日は営業（翌日休み）●席数/40席●禁煙●駐車場/30台（無料）●交通/伊佐須美神社より車で3分
福島県大沼郡会津美里町藤家舘字領家191
TEL0242-54-7311

お座敷有り

西会津・会津坂下IC・新鶴SIC

会津美里【高田・新鶴エリア】

小林開花堂
5代続く老舗和菓子店が今に伝える文明開化の味

明治時代の創業以来、長きにわたって地元の人々に親しまれている小林開花堂。文明開化にちなんで作られた「開化まんじゅう」は、しっとり厚めの生地の中に北海道産の小豆を炊いたこしあんがぎっしり。あんのコク深さがたっぷりの満足感をもたらす。黄、白、緑の「三色だんご」はゴマあん、クルミあん、粒あん入り。黄色は人参、緑はヨモギと天然色素を使用し、優しい味わいが人気だ。店内には洋菓子も取りそろえ、イートインスペースもある。

三色だんご(5本入り)・550円
開化まんじゅう(1個)・80円

■MAP/P37-B
●営業時間/8:30〜18:30●年中無休(元旦のみ休み)●禁煙●駐車場/5台●交通/JR会津高田駅から車で3分
福島県大沼郡会津美里町字高田甲2908
TEL0242-54-3206

吉原製菓
いつも出来たて、新鮮なお菓子。

むしどら・(1個)110円
天海大僧正・(1個)110円

昭和12年創業。地元で人気の菓子店。一番人気の「むしどら」は北海道の大納言小豆とまろやかな無塩バターをふんわりしたスポンジでサンドして甘すぎないところが人気。定番人気は「天海大僧正」。地元ゆかりの僧侶で徳川家の知恵袋と称される方にちなんだお菓子で、長生きの秘密といわれるクコの実入り。

メモ
店内に休憩用の長いすがある。笑顔がチャーミングな奥さまとのおしゃべりが楽しい。冬の寒い時期は店頭や道路向かいで凍み餅の様子が圧巻。

■MAP/P37-B
●営業時間/8:00〜19:00●定休日/年中無休●喫煙●駐車場/3台●交通/JR会津高田駅から車で3分
福島県大沼郡会津美里町高田甲3034
TEL0242-54-3247

手焼き高田せんべい 山喜屋
名物高田せんべい、焼きたては最高!

高田と名のつく名物は高田梅と高田せんべい。手焼き高田せんべいの老舗川島菓子店が閉店。その熟練の技を継承して、平成25年6月7日にオープンした。店先で一枚一枚、炭火で丹念に焼き上げられる醤油の香りがこうばしい。焼いている様子も店内の小窓から見ることができる。高田せんべいのフワッ・カリッとした食感とあきのこない美味しさをご賞味ください。

■MAP/P37-B
●営業時間/11:00〜15:00●営業日/金・土のみ(電話でご予約の場合は平日も対応)●駐車場/3台●交通/JR会津高田駅から車で5分、会津高田郵便局向、福島民報社会津美里支社隣り
福島県大沼郡会津美里町字高田甲2809-2
TEL0242-54-2353(高田燃料)

A 新鶴エリア

B 高田エリア

コンシェルジュからの情報
高田インフォメーションセンター
門前横丁美里蔵

お土産のテナントと周辺観光の総合案内所。伊佐須美神社参拝の折りにどうぞ。

地元産のものを使ったえごまパン、その他手作りパンや宅配できるピザを販売する「ピーターパン」、授産施設の手造り小物や駄菓子の販売をする「希来里」を出店中。

■MAP/P37-B
● 営業時間/9:00～18:00 ●定休日/年中無休 ●席数/2席オープンテラス有 ●駐車場/7台（無料） ●交通/伊佐須美神社から徒歩5分
福島県大沼郡会津美里町字高田甲2819-2
TEL0242-54-2333

ベビーシート有り　多目的トイレ有り

菜の花工房
会津の「菜種油」や「みしらず柿」「えごま」をお菓子でより美味しく！

会津美里町の美味しいものを体に優しく美味しく届けたいと、八木沢地区で作られた菜種油や地元のお米や野菜を使いながら、様々なお菓子などを作っている「菜の花工房」。中でもオススメは「ふくしまおいしい大賞」を受賞した「會津みしらず柿ドレッシング」や、古くから栽培されているえごま（荏胡麻・じゅうねん）を使用した「會津えごまドレッシング」、なかじましほ先生監修のふわふわしっとりの「シフォンケーキ」。その他にも会津で馴染みの深い「揚凍餅」やサクサク香ばしい「菜の花あられ」なども人気！※店舗販売はしておりませんので、観光直売所での購入、もしくは工房へ電話やファックスにてご注文ください。

●「會津みしらず柿ドレッシング」は、上記の高田インフォメーションセンターにて販売しております。その他の商品は直接工房へお電話やファックスにてご注文下さい。
●福島県大沼郡会津美里町荻窪字上野187番（工房※店舗販売はなし）
●TEL・FAX/0242-54-5956
担当・髙橋

西会津・会津坂下IC・新鶴SIC

●会津美里【本郷エリア】

Information

会津美里
【あいづみさと】
本郷エリア

東北一の規模を誇る山城・向羽黒山城跡の
ふもとに広がる、瀬戸の町。
本郷焼の窯元が点在し、器で料理を楽しめる店も多い。
なかなかそぞろ歩きが楽しい町。

cafe yuinoba

**蔵づくりのカフェで
のんびりほっこりスイーツを！**

瀬戸町通りにたたずむ明治時代の蔵を改装した週末カフェギャラリー。高い窓から差し込む光の中でいただく食事はそれだけで癒される。人気はホンゴウセット。会津美里町特産のつめっこ焼きは、会津地鶏とキノコなど様々な具材をそば粉の皮で包み焼いたもの。発酵食品の魔法なのかクリームチーズと仲良くまとまっている。4種類のうちから2種類選び、ドリンクはほうじ茶か会津べこの乳をチョイス。かぼちゃやリンゴの甘い系のつめっこ焼きは、プチガトー風に生クリームをトッピング。Fuchs Bergとcomayaから取り寄せるケーキセットもおすすめ。ドイツ直輸入のブレッツェルサラダセットなど、オーナーこだわりの体に優しいもの。

サラダランチ・600円

■MAP/P39
●営業時間/10:00～17:00(LO16:00) ●営業日/土・日・祝祭日※イベント開催日はHPか電話確認 ●席数/20席 ●禁煙※入口に灰皿 ●駐車場/5台(無料)
※混雑時は町営駐車場利用 ●交通/新鶴SICより車で15分・瀬戸町通り
福島県大沼郡会津美里町字瀬戸町甲3182-5
TEL0242-56-5098(樹ノ音工房内)

コンシェルジュからの情報

会津美里町本郷インフォメーションセンター

会津本郷焼のご案内ならおまかせ

会津美里町本郷地区の中心にあり、会津本郷エリア、会津周辺地域の観光案内、無料休憩スペース。つめっこ焼き、コーヒーなどの軽食を楽しめます(冬期間除く)。2階の「会津本郷焼資料展示室」で、約400年を誇る会津本郷焼の歴史を語る陶器の数々を無料で見学。地元の会津工業セラミック科の鶴翔窯の天目茶碗の展示もある。KAITENブランドの茶碗の展示が見もの。

■MAP/39
●営業時間/8:45～17:45 ●定休日/火曜日 ●席数/12席 ●禁煙 ●駐車場/20台(無料) ●パソコン有・無料検索可 ●交通/新鶴SICより車で15分・瀬戸町通り
福島県大沼郡会津美里町字瀬戸町甲3161-1
TEL0242-56-4637

ベビーシート有り
車椅子貸出可・
多目的トイレ有り

瀬戸右ヱ門・162円

メモ
オーナーが沖縄で開店していたこともあり、もずく、黒砂糖などの沖縄食材の販売もある。食前にダイエット効果で話題のサンピン茶とめぐすりの木茶を日替わりでサービス。

味噌ラーメン・630円

會津亀屋萬年堂
季節の移ろいを菓子で伝える、地元密着店

創業77年。東京で開業していた初代店主が戦時中に出身地に疎開し、戦後この地で再開。二代目店主のお薦めは季節限定の笹団子。地元産のもち米、うるち米、山ゴボウの葉を使い代々受け継がれた製法を守り、笹の香りを移したみずみずしい団子。定番人気は上生菓子、瀬戸右ヱ門、鬼面最中、鈴石、どら焼き等。瀬戸右ヱ門はパイ皮でオレンジピールなどドライフルーツを宝石のようにちりばめた酸味のある杏餡を包み、食べた後の余韻までも楽しめる。3代目が東京で修業してきた新風を吹き込んだ今後のお菓子も楽しみ。

■MAP/P39
●営業時間/8:00〜19:00●定休日/火曜日●席数/5席●禁煙●駐車場/店頭2台・店裏5台(無料)●交通/JR会津本郷駅から車で5分
福島県大沼郡会津美里町字川原町甲1769-9
TEL0242-56-3528

中華 宝来　辛さの選べる味噌ラーメン

会津本郷丸山のふもとで創業28年。人気は優しい味わいの味噌ラーメン。10時間ほど煮こんで作るスープは豚骨・鶏ガラ・数種類の野菜などがベース。あっさりとした中にもコクがあり、手もみ中太縮れ麺をつるりと食べた後もスープを口に運んでしまうくせになる味。チャーシュー、ねぎ、卵などのシンプルなトッピングで、純粋に味噌ラーメンの麺とスープを楽しみたい方にお勧め。手作り餃子も人気。ラー油も自家製。

■MAP/P39
●営業時間/11:00〜15:00●定休日/月曜日・第3火曜日●席数/30席●全席禁煙●駐車場/8台(無料)●交通/JR会津本郷駅から車で7分
※丸山の脇
福島県大沼郡会津美里町字延命寺前甲535-2
TEL0242-56-4719

お座敷有り

新潟より

磐越自動車道

喜多方

121

AIZUWAKAMATSU IC
会津若松 IC
新潟中央JCTより95.2Km

121

大内宿
（下郷エリア）

猪苗代・磐梯高原ICへ

|旅の箸休め｜会津、大内宿で歴史の琴線にふれる
そぞろ歩きも楽しい
古い町並みが魅力的な城下町…………42
会津若松／44 - 55
●割烹田季野 ●お秀茶屋 ●満田屋 ●鶴井筒 … 44・45
●RistorantePaPa′Caldo ●ブルーコーンズダイニング
●鶴我 ●焼肉丸忠 …………………………… 46・47
エリアマップ／七日町・大町通り周辺 ……………… 48・49
●蔵喫茶杏 ●cafeKEI-KI ●ワンズホーム〜ピッツ&カフェ〜
●会津珈琲倶楽部 ●太郎焼総本舗 ……………… 50・51
●珈琲館蔵 ●ドッグカフェ K-STYLE
●会津葵シルクロード文明館 ………………………… 52
エリアマップ／会津若松 ……………… 53
●Patisserie Ar. ●もちカフェ なぬか町茶房 結
●會津壹番館 ●焙煎屋珈琲店 ●あんてぃーくcafé中の蔵
●Club Sicily Cafe ●AdoriA北出丸カフェ ……… 54・55

大内宿／56 - 59
●分家玉や ●そば処こめや ●金太郎そば山本屋
●味処みなとや ●山形屋 …………………………… 58・59

会津名物ソースカツ丼食べ歩き♪ … 60-64
ソースカツ丼マップ ……………… 65

厳選会津三大ラーメン …………… 66-75
会津若松エリア ……………………… 68-70
会津若松ラーメンマップ ……………… 71
喜多方エリア ………………………… 72-74
喜多方ラーメンマップ ………………… 75

喜多方市／76 - 81
|旅の箸休め｜蔵の町に四季折々の花が咲き競う
花でもてなす 喜多方 ………………………76
●くら ●みなと寿司 ●お丶多寿司 ●瑞兆……76・77
●カランドリエ ●イタリアンフレンチ料理 ヴィーノ・ビストロ35
●ランチハウス會 ●キッチンスペースガーデン
●食堂つきとおひさま ●杉葉精肉店 ……………78・79
●樟山珈琲店 ●甘味処うらら
●かふぇみぃ〜ず …………………………………… 80
エリアマップ／喜多方 ……………………………… 81

そば処、会津。………82-91
会津若松エリア ……………………… 84-87
会津若松そばマップ ……………… 88
喜多方・山都エリア …………………… 89-91
山都そばマップ ……………… 91

鶴ヶ城

天正18年（1590）に蒲生氏郷が天守閣を築きその後城郭等が整備されたが戊辰戦争での激戦の上開城。明治7年に取り壊され現在の天守閣は昭和40年に再建されたもの。今年、幕末当時の赤瓦の葺き替えを行い白虎隊士も見たであろう姿へ生まれ変わった。
また、昭和9年に当時の文部省が城跡を史跡に指定する際若松城とするが今でも地元では鶴ヶ城と呼ばれている。

旅の箸休め

会津若松・会津美里・大内宿

会津藩の城下町として発展した会津若松。今なお町の至る所にその当時の面影を色濃く残す町並みは古い中に新鮮な雰囲気を与えてくれる。

そぞろ歩きも楽しい
古い町並みが魅力的な城下町

会津若松①

飯盛山
慶応4年(1868)の戊辰戦争において白虎隊士が自刃をした地であり、白虎隊士の墓や記念館等関連施設が多数あり散策路も整備されている。

御薬園
室町時代の蘆名盛久が別邸をたて、保科正之が整備をし、その後は歴代藩主が整備を進め徳川時代の代表的な山水庭園として国の名勝に指定されている。

会津まつり
9月下旬に行われる会津地方最大の祭りで中日に行われる歴代藩公行列は歴代藩主や鉄砲隊などに扮した総勢500名の時代行列が市内を勇壮に練り歩きます。

会津武家屋敷
会津藩家老西郷頼母邸を復元した、歴史博物館。福島県重要文化財の旧中畑陣屋や会津歴史資料館など、屋敷めぐりを楽しめる。くらしの歴史館では古代から江戸時代までの会津の暮らしや人々の様子を展示。

大内宿
江戸時代の宿場町の雰囲気をそのまま残す大内宿は、会津西海道の宿場町として発展し、昭和56年(1981)に国の重要伝統的建造物保存地区に指定された人気観光地。古い茅葺屋根の街並みが再現されている。

半夏祭り
毎年7月2日の半夏生に行われる高倉神社の祭礼。笛や太鼓のお囃子もにぎやかに時代装束で練り歩く様子と雅な山車が往時を偲ばせる。

[会津若松エリア]

割烹 田季野
元祖輪箱飯(わっぱめし)!!

会津西街道にあった絲澤舊陣屋を移築復元した歴史ある建物。人気の五種輪箱は鮭、いくら、きのこ、ぜんまい、かに、竹の子、卵焼きなどが会津産100%のコシヒカリの上に盛られてる。なんと言ってもご飯がおいしい。一粒一粒がピカピカに立ちあがっていて、海産物と会津の野山で育った山菜のうまみを含んだ甘みと粘りがある。ぜひ、輪箱飯を通して歴史街道のロマンを感じてほしい。

■MAP/P49-D-6
●営業時間/11:00〜22:00●定休日/年中無休●席数/250席●分煙※スタッフにお申し出下さい●駐車場/20台(無料)
●交通/JR会津若松駅から車で5分・會津稽古堂近く
福島県会津若松市栄町5-31
TEL0242-25-0808

・お座敷有り
・多目的トイレは會津稽古堂を利用

メモ
故T氏も会津滞在中に訪れた店。漫画入りサイン色紙が飾られてある。江戸時代の頃は、店の前に川が流れていて処刑場があったという。脇の道からは東山温泉や関白方へつづいており、豊臣秀吉もこの道から会津入りしたという。

メモ
毎週土日は、店内にいる占い師が女性客に人気。

五種輪箱・1,840円

■MAP/P53-C-3
●営業時間/10:00〜※材料無くなり次第終了●定休日/不定休●席数/30席くらい●喫煙●駐車場/20台(無料)●交通/最寄リバス停奴老ヶ前(まちなか周遊バス)●東山温泉近く
福島県会津若松市東山町石山天寧308 TEL0242-27-5100

お秀茶屋
延宝年間創業、360年以上続く老舗の茶屋の田楽

古民家そのものの懐かしい囲炉裏端で十七代目店主が黙々と一本一本丁寧に、且つ手際よく田楽を焼きあげる。秘伝の味噌で甘く香ばしく焼かれた味噌田楽はどれも美味しく4種類6串の盛り合わせがお得。お餅は自家製でとっても伸びがよく柔らかい。

・お座敷有り

田楽・1本60円〜

1串250円・田楽コース1,300円

満田屋
囲炉裏端で食べるアツアツの田楽

1834年創業。昔のままの味噌蔵を店舗としている老舗。お薦めの田楽コースは、こんにゃく二種、里芋、豆腐の生揚げ、しんごろう、丸餅、身欠きニシンで、それぞれの個性に合う、甘味噌、柚子味噌、山椒味噌、じゅうねん味噌が塗られ、炭火で丹念に焼き上げたアツアツを出してくれる。特に豆腐は、契約店の豆腐を自家製の手搾りなたね油で揚げてあり、豆の凝縮したうまみと味噌の香ばしさと甘さが相まっておいしい。またニシンも余計な油が落とされ、山椒味噌の香りで全く生臭みもなく、口の中でほろほろとほどけるように崩れ、ふんわりと柔らかな味わい。

■MAP/49-B-4
●営業時間/10:00〜17:00●定休日/第1・2・3水曜日(8・12月は第1・3水曜、1〜3月は毎週水曜休)●席数/40席くらい●禁煙●駐車場/15台(無料)●交通/JR会津若松駅から車で5分・JR七日町駅から車で3分
福島県会津若松市大町1丁目1-25
TEL0242-27-1345　フリーダイヤル0120-308-803

お座敷有り

メモ
単品では会津産の黒米を生地に混ぜ込み、とろけるチーズをくるんだ味噌チーズパンや辛味噌ウィンナーも人気。竹串は従業員の手造り。

メモ
店名の「鶴井筒」は造り酒屋も営んでいた佐藤家の屋号。大阪出身の直木賞歴史作家など、多くの著名人が訪れている。ネパール博物館の貴重なコレクションも見もの。

鶴井筒
明治の大地主邸宅で、時代を感じながら郷土料理を味わえる

東山温泉入口に佇む旧家。明治三十年代頃、阿賀川流域山都の大地主だった佐藤家邸宅を移築。当時の生活を偲ばせる建物の造りで、身分によって区別された囲炉裏が三つある。欅の太い梁や本漆を使った裏板、繊細な格子戸など工夫を凝らした客間で、こづゆやニシンの山椒漬、棒タラなどの会津郷土料理は格別。

■MAP/P53-D-3
●営業時間/11:00〜17:00●定休日/なし※冬期間休業1月6日〜3月上旬●席数/100席●禁煙●駐車場/15台(無料)●交通/会津若松ICより20分
福島県会津若松市東山町院内109-1
TEL0242-26-5629

お座敷有り

雪・2,100円

Italian イタリアン&洋食

【会津若松エリア】

Ristorante PaPa 'Caldo
リストランテ パパカルド

会津の恵みをたっぷり味わえるイタリアン

西麻布の名店で修業を積んだシェフが、会津産の野菜をはじめ、肉や卵、オリーブオイル、塩などこだわりぬいた食材で腕をふるう。彩り豊かに盛り付けられたペペロンチーノ風は、約10種類もの会津野菜を使用し、野菜本来の旨みを存分に味わうことができる"会津の恵み"をいただくパスタ。三島産会津地鶏のラグーもふんだんに使用した豪華な一品。

■MAP/P48-B-3
●営業時間/11:30～14:00(ラストオーダー)・18:00～20:00(ラストオーダー)●定休日/不定休●席数/14席●全席禁煙●駐車場/4台(無料)※バンダイスポーツ隣の山口駐車場●交通/七日町駅(JR・会津線)より徒歩5分
福島県会津若松市七日町2-39
TEL0242-93-7887

ランチパスタコース・1,950円～
(単品パスタは1,200円～、ランチパスタコースは13:30ラストオーダー)

❶会津野菜のペペロンチーノ風 ❷三島産会津地鶏のラグー(トマト風味) ❸店内 ❹矢口一二三シェフ

メモ
やますけ農園「娘のための卵(平飼い有精卵)」、大塩裏磐梯温泉の山塩、オリーブオイルには有機エクストラバージンオイル等、こだわりぬいた素材や調味料を使用。

桜肉 ◎馬肉

鶴我名物会津鍋ダブルカルビ定食・1,280円(税抜、平日)

鶴我

会津馬牧場直送の新鮮な桜肉!

自慢の桜鍋は、馬の油と塩だけで特上カルビを給仕が焼いてくれる。脂身の甘さにびっくり。あとのカルビはからし味噌とすき焼き風のタレで軽く煮込んでいただく。焼きねぎの香りを移した肉は柔らかく口の中で溶ける。会津ブランド赤身馬刺しも新鮮。ランチは980円と思えない品数でリーズナブル。

■MAP/P49-D-6
●営業時間/11:00～14:00・17:00～22:00●定休日/不定休●席数/50席●喫煙●駐車場/店舗道路向かい5台(無料)●交通/会津若松ICから車で15分・会津若松市役所そば
福島県会津若松市東栄町4-21
TEL0242-29-4829

お座敷有り

ブルーコーンズ ダイニング

愛される理由。本格カフェと美味しい定食、あわせ持つふたつの魅力

「肉、野菜、ご飯を存分に味わって欲しい」とオーナーの力強い心意気。米はオーナーのご実家で作った湯川産。焼きミルフィーユカツはチーズとスパイスを薄切り肉に挟み何層にも重ねる。サックリ、ジューシー。大満足の一品だ。濃厚口溶けショコラ等デザートやドリンク類も充実のラインナップ。昼も夜も老若男女の支持が厚い。

■MAP/P53-A-3
●営業時間/11:00〜15:30(L.O.14:30)、17:00〜22:00(L.O.21:00)●定休日/火曜日●席数/27席●駐車場/15台●交通/国道49号線高塚団地入口を会津日新館方面に入り、900m道なりに進み右側(看板あり)。会津若松駅から車で20分
福島県会津若松市河東町広田横堀98
TEL 0242-75-5507

桜トロカルビ・900円
お座敷有り

桜・カルビ専門店 焼肉丸忠

馬肉の本当の美味しさを教えてくれた焼肉の名店

馬肉の焼肉とは、こんなにも美味しいものなのかと衝撃の感動を覚え、以来ずっと丸忠のトリコ。桜トロカルビの旨さは、何度食べても最高の幸福感に包まれる。気さくでかなり豪快でユニークなキャラクターのマスターも大きな魅力。

メモ
会津若松市内にマスターの甥が営む「焼肉磐梯山」がある。

■MAP/P53-D-2
●営業時間/17:00〜22:30●定休日/年末年始のみ休※臨時休業有●席数/54席●喫煙●駐車場/15台(無料)●交通/国道118号線・湯川大橋近く
福島県会津若松市錦町1-34
TEL0242-28-4191

47

Café & sweet's

カフェ&スイーツ

メモ
カフェ以外に、酒蔵見学や試飲コーナーありのショップも大変楽しい。野口英世博士と関係も深い末廣酒造の新城家、見学でそのお話を聞くのもまた興味深い。

大吟醸酒
シフォンケーキ・470円

蔵喫茶 杏
酒造の蔵カフェでいただく酒スイーツ

末廣酒造・嘉永蔵の蔵座敷を利用したレトロモダンな蔵カフェ。大吟醸酒シフォンケーキや酒ゼリーなどオリジナルの酒スイーツ。仕込み水で淹れた水出しカフェがいただけるのも蔵元ならでは。シフォンケーキは口へ運ぶ瞬間に大吟醸酒が優しく香る。金粉がかけられ琥珀色に輝く酒ゼリーは純米吟醸末廣を使い、ひんやりなめらかな喉ごしとほのかな甘みを感じる、芳醇な酒の香りがほろ酔い気分のちょっと贅沢な大人のデザート。末廣の升に入ったグラスも嬉しい演出。

■MAP/P48-C-3
●営業時間/10:00〜18:00 ●定休日/水曜日（祝日は営業）●席数/24席 ●禁煙 ●駐車場/20台(無料) ●交通/JR七日町駅から車で5分
福島県会津若松市日新町12-38
TEL0242-27-0002

ソファー有り

メモ
他に自家製パンの販売も行っており人気。薔薇をモチーフとした雑貨類も多数販売。

cafe KEI-KI （カフェケイキ）
お茶屋の奥の薔薇色カフェ

お茶の澤井園、さわい酒店の奥にて、母娘が二人で営業している隠れ家のようなカフェ。器もカトラリーもインテリアも雑貨も薔薇模様なので、薔薇好きにはこの上なく堪らない空間。ケーキは丁寧に作られており、濃厚な定番チーズケーキはもちろん、どれも絶品。テイクアウトもOKだが、優雅な気分で ゆったりとしたひとときをカフェで楽しみたい。

■MAP/P48-D-3
●営業時間/11:00〜19:00（日・祝は17:00まで）●定休日/不定休 ●席数/10席 ●禁煙 ●駐車場/2〜4台(無料)※さわい酒店・澤井園の店前 ●交通/JR七日町駅から車で8分
福島県会津若松市日新町1-42　TEL0242-27-6628

本日のケーキセット・580円

ワンズホーム〜ピッツァ&カフェ〜
ワンズホームの原点"ピッツァ"は、小麦・水・酵母・塩のみの優しさ

ナチュラルなお店の雰囲気の中に、優しさが満載。添加物などは極力使わず、安心安全の体に優しいメニュー！子どもの遊びスペースも完備！学生さん応援！心にも優しいメニューいっぱいです。おすすめは「トマトたっぷり！マルゲリータ」。チーズとソースの配合が絶妙です。
ん？ハーフ&ハーフピザご注文で値引き？二つ味わえて値引きって、オトク！

■MAP
P49-C-5
●営業時間/11:00～19:00、日曜日11:00～17:00●定休日/月曜日、第一火曜日（祝日の場合、その翌平日）●席数/27席●駐車場/提携駐車場あり（タイガーパーキングMAP/P49-C-4)●交通/七日町駅より徒歩12分
福島県会津若松市中町4-11
TEL 0242-93-5668

授乳室スペースあり

会津珈琲倶楽部
非現実的な空間で楽しむ珈琲の香りと余韻

コスタリカやパナマなどの小規模農園で栽培されるスペシャリティコーヒーの専門店。希少価値の高い豆を独自に買い付け、自家焙煎した珈琲はフレッシュな甘みと酸味がゆっくりと体に染み込んでいくよう。スイーツは女将さんの手造り。珈琲とともに至福の時をもたらしてくれる。

■MAP
P48-C-3
●営業時間/11:00～19:00●定休日/木曜日（祝日の場合は営業)●席数/18席●禁煙●駐車場/5台（無料)●交通/JR七日町駅から車で5分
福島県会津若松市日新町11-43
TEL0242-27-9012

お座敷有り

メモ
創業は昭和48年(1973年)。市役所の近くで営業してきたが、平成16年(2004年)に七日町通りに移転リニューアル。かき氷、なんと通年販売！意外にも食べる人は結構いるらしい。時間帯によっては、高校生などが勉強に利用したりする地元っ子憩いの場所。夜は、ライブやピアノ教室なども行っている。

太郎焼総本舗
大判焼店2階の穴場な喫茶スペース「CAFÉ TARO」

大正時代の蔵を利用した昔ながらの大判焼の店。2階にはモダンな喫茶スペース「CAFÉ TARO」があり、気軽にゆったり過ごすことができる。展示販売されている雑貨や、店主のミニカーコレクションを眺めているだけでも楽しい。焼き立て熱々の粒あん入りの太郎焼やパリッとした薄い生地になめらかクリームたっぷりの自家製シュークリームが美味。

■MAP/P48-A-3
●営業時間/10:00～19:00●定休日/無休●席数/30席●分煙（ミニカー博物館コーナー前にテーブル2つ、4席)●駐車場/5台（無料）※うち2台バンダイスポーツ隣の山口駐車場●交通/JR七日町駅から車で3分
福島県会津若松市七日町8-10
TEL0242-24-7911

スイーツセット・500円

ソファー有り　テラス席可

51

[会津若松エリア] 会津若松C

ハヤシライス/M(サラダ・ドリンク付)・840円

ドッグカフェK-STYLE
アットホームなドッグカフェで癒しのひと時

会津若松で唯一のドッグカフェ。フードやグッズ販売、トリミングや一時預かりOK。とろとろ半熟たまごとチーズがのった焼きカレーはボリュームたっぷりでランチの人気メニュー。犬用のカフェメニューも豊富。

■MAP/P49-D-5
●営業時間/10:00～19:00●定休日/水曜日・祝日・第3火曜日●席数/20席●禁煙●駐車場/15台(無料)●交通/国道118号沿い神明通り南端近く
福島県会津若松市西栄町6-37
TEL0242-36-6085

🐕 店内ペット可

珈琲館 蔵
昭和の骨董小物が懐かしさを誘うレトロな蔵カフェ

姉妹店「レストラン開成館」で毎日丁寧に仕込まれるハヤシライスもオススメ。磐梯山龍ヶ沢の湧水で淹れた珈琲はまろやか。

■MAP/P49-C-5
●営業時間/8:00～20:00●定休日/無休●席数/50席●喫煙●駐車場/なし●交通/神明通り近く
福島県会津若松市中町4-20
TEL0242-27-3791

半熟たまご入り焼きカレー
(スープ・ドリンク付)・1,280円

会津葵シルクロード文明館
こだわりぬいた「本物志向」の味と空間

レンガ造りの店内は和と洋が融合した独特の空間が広がっている。銘菓「かすてあん会津葵」にラム酒を染み込ませた、このカフェでしか味わえない大人なアレンジメニューを楽しめる。一つのジャンルにとらわれない店主のこだわりは、料理にもあらわれている。月変わりで旬の食材を活かしたパスタ「季節と感性で変わっていくパスタ」も魅力。

■MAP/P53-C-2
●営業時間/11:00～19:00、土日祝10:00～19:00(ランチタイム11:00～15:00)※冬季時間変更あり●定休日/元日のみ●席数/30席＋ガーデン席あり●禁煙●駐車場/5台(無料)※会津葵本店駐車場、駐車場からお店まで徒歩1分●交通/鶴ヶ城北出丸入口近く
福島県会津若松市追手町4-6
TEL 0242-27-1001

🐕 テラス席ペット可

Cafe & sweet's
カフェ&スイーツ

Patisserie Ar.
パティスリーアール

光指す店内、色とりどりのケーキ

中央通沿いにあるガラス張りのおしゃれなカフェ。黒を基調とした店内に、ショーケースに並ぶ色鮮やかなケーキは目にも嬉しい。常時20種類を提供。一人でゆったり過ごすのにもおすすめ。ランチは880円(税別)～、ランチとセットでケーキが50円引き、ドリンクが全品100円になるサービスも好評。

■MAP/P49-B-5
●営業時間/10:00～19:00※ランチ(11:00～14:30)●定休日/無休
●客数/18席●禁煙●駐車場/15台(無料)●交通/JR会津若松駅より車で5分・中央通り
福島県会津若松市中央1丁目4-15　TEL0242-24-0933

もちカフェ なぬか町茶房 結

会津湊地区に伝わる「豆腐もち」手作り、つき立ての癒やしの味

豆腐もち・650円(税別)

「豆腐もち」は木綿豆腐に醤油やダシを加えて火にかけ、つき立ての餅を絡めたもの。優しいダシの風味と柔らかな餅に思わず頬が緩む。餅皮でアイスを包んだ「雪うさぎ」はベリーや抹茶の自家製ソース付き。和スイーツ作り体験(前日までに予約)も好評だ。

■MAP/P49-B-4
●営業時間/10:00～17:00●定休日/火曜日(祝日の時は営業)●席数/12席●禁煙●駐車場/なし※NPC大町1丁目駐車場30分無料●交通/JR七日町駅から徒歩9分
福島県会津若松市七日町1-28　TEL0242-23-7302

會津壹番館

野口英世ゆかりの地でいただく自家焙煎珈琲

野口英世博士が幼少期に負った手の火傷手術を受け、後に書生として通った「旧會陽医院」。現在はアンティーク調のレトロなカフェとなり、野口英世をモチーフにしたオリジナルカップで自家焙煎珈琲をいただくことができる。定番人気の自家製かぼちゃプリンは優しい甘さで珈琲とも合う。

ケーキセット・800円(税別)

■MAP/P49-C-5
●営業時間/8:00～20:00●定休日/無休●席数/60席●分煙(店内奥に喫煙席あり)●駐車場/7台(無料)※タイガーパーキング1時間無料●交通/JR七日町駅から車で8分・野口英世青春通り
福島県会津若松市中町4-18
TEL0242-27-3750

【会津若松エリア】 会津若松C

焙煎屋珈琲店

珈琲の美味しさを追求する正統派喫茶店

厳選した豆を半熱風ロースターで焙煎し、アルカリイオン水でサイフォンにて一杯ずつ丁寧に淹れてくれる珈琲専門店。販売している豆の種類も豊富で自分好みの珈琲に出会えるはず。珈琲系デザートも魅力的だが、自家製ケーキのスイートポテトもしっとりほっくり温かくサツマイモの甘さが美味。

ビターブレンド・430円
スイートポテト・320円

■MAP/P49-B-5
●営業時間/9:00～18:00 ●定休日/第2・4曜日、年末年始 ●席数/26席 ●禁煙 ●駐車場/なし※カネマンパーキング駐車30分無料 ●交通/中央通り第四銀行隣
福島県会津若松市大町1丁目8-1　TEL0242-37-0082

あんてぃーく Café 中の蔵

老舗会津漆器店が営む土蔵カフェ

「満山漆器店」の250年前の土蔵を改装したカフェ。地元農園の自然卵を使用するなど、安心安全の材料にこだわったスイーツを提供。オススメは、桑の葉や無農薬玄米粉使用の日替わりケーキ。水出しコーヒーなど飲み物は、満山漆器店の漆塗りカップで頂くことも可能。

無農薬玄米粉使用ロールケーキセット（ドリンク付）・600円

■MAP/P49-B-5
●営業時間/11:00～17:00 ●定休日/木曜日※日曜不定休 ●席数/10席※夏季は中庭オープンカフェ有 ●禁煙 ●駐車場/4台(無料)※斜め向かいに専用有 ●交通/JR会津若松駅より車で5分・大町通り
福島県会津若松市大町1-3-51
TEL0242-22-0454

テラス席ペット可

Club Sicily Cafe クラブ シシリー カフェ

パンケーキ＆ワッフルが常時30種類以上！

フルーツやナッツ系、ハム＆チーズなどのおかず系など、種類豊富なパンケーキとワッフルが揃う。どれもボリューム満点だが、特製レシピで作る生地はふわふわで軽い。ワッフル生地のピザ、ジェラート＆フルーツティーのアフォガードも人気。プラス100円でグルテンフリーの生地にすることもできる。低価格の紅茶やフルーツティーは試飲感覚でいろんな味を試してみよう。気に入ったものは店頭で購入可能だ。

グルテンフリー
ベルギーチョコ
パンケーキ・580円

■MAP/P49-C-5　ソファー有り
●営業時間/10:00～18:00 ●定休日/日曜日 ●席数/20席 ●禁煙 ●駐車場/6台(無料) ●交通/JR会津若松駅から車で10分
福島県会津若松市中央1-1-8　TEL0242-24-4700

AdoriA 北出丸カフェ

木のぬくもりを肌に感じる癒しの空間で贅沢なひとときを

カフェラテ・740円　　　ランチ・1,280円

北出丸お堀沿いにあるホテルロビーを思わせる豪華カフェ。天井や床材の桜の木、テーブルや椅子のインテリアなど細部にこだわりを感じるぬくもりと安らぎの空間。樹齢約千年ケヤキの一枚板オブジェも圧巻。

■MAP/P53-C-2
●営業時間/10:00～21:00 ●定休日/毎月メンテナンスの為不定休有 ●席数/26席※オープンテラス有 ●禁煙 ●駐車場/6台(無料) ●交通/鶴ヶ城北口バス停近く
福島県会津若松市追手町4-28 北出丸館1F
TEL0242-27-3600

大内宿

ここは江戸時代の宿場の雰囲気を今に残す全国でも数少ない集落、大内宿。この村は城下町会津若松と栃木県今市を結ぶ下野街道にあり、参勤交代や生活物資の流通の重要な街道として大きな役割をはたしてきましたが、明治17年に国道が整備されるとその道筋から大きく離れたため、過疎の集落となっていた。しかし、昭和56年に国の重要伝統的建造物群保存地区に指定され、江戸時代の宿場町の雰囲気のなか郷土の味が楽しめる蕎麦屋や土産品が軒を並べる。人気観光スポットとなっている。

■高倉神社御祭礼（半夏まつり）
毎年7月2日の半夏生の日に、村人の男と子供たち総出で祭りが行われる。白装束をまとった大人から子供達が、村の中で太鼓や笛を奏でながら山車を引き神輿担いで賑わう。

■大内宿雪まつり
大内宿町並み展示館をメイン会場に仮装行列や日本一のだんごさしなどでおもてなしをする大内宿の冬のイベント。茅葺屋根に積もった雪のバックに花火が上がる光景は寒い中でも一見の価値あり。

コンシェルジュからの情報
【渋滞情報】

大内宿へは2つのルートからアクセスできる。1つは湯野上温泉手前より県道329号線を小野川に沿って進むルート。こちらは一般的なルートである分、渋滞も発生しやすく、特に春と秋の連休を含む観光シーズンには渋滞も考慮しておいた方がいいかも…。もう一つのルートは会津美里町方面から県道131号線を通り氷玉峠をぬけるルート（こぶしライン）で、つづらおりの峠道を通らなければいけないが渋滞になることは殆どない。観光シーズンはこちらのルートをお勧めしたい。

分家 玉や

**古民家を移築、
郷土料理はもちろん
カフェメニューも楽しめるお店**

一番の自慢は鶏せいろうめし。低農薬のもちとうるちのブレンド米に薄い下味をつけたもの。鶏もも肉を生姜醤油とザラメで甘辛く煮含め、せいろに隙間なく敷き詰めたものに、しんなり炒めたネギがたっぷり盛られている。ジューシーで柔らかい鶏肉とねぎの香りがこれ以上ない組み合わせ。そば粉は100%自家製で、つるりとのどごしのいい十一蕎麦。

■MAP/P56
●営業時間/10:30〜17:00※ランチは11:00より●定休日/無休※12月〜3月はカフェメニューのみ・食事は要予約●席数/60席●禁煙●駐車場/大内宿駐車場約400台（普通車300円/回）●交通/湯野上温泉駅から車で10分
福島県南会津郡下郷町大内権現上358　TEL0241-68-2948

- お座敷有り
- 大内宿駐車場又は大内宿町並展示館を利用
- テラス席ペット可

メモ
クレームブリュレは自家焼きされたカラメルがパリパリ、濃厚な卵とミルクの味が口いっぱいに広がり専門店に劣らぬおいしさ。

クリームブリュレ・450円

鶏せいろうめし・1080円

そば処 こめや

**つきたてのとろりとした
お餅とおそば**

お薦めはおろしあげ餅そば。もち米は丹精込めて作られる自家製のもの。つきたて揚げたてで、表面はサクサク、中はアツアツでとろりとよく伸び、添えられた大根おろしや鰹節、サバ節、他、吟味されたダシと油のコクがよく合う。地粉100%を使用した蕎麦は、標高700mの広大な十文字地区のそば畑で穫れたもの。挽きたての風味そのままに細くて繊細でのど越しもさわやか。

■MAP/P56
●営業時間/8:30〜16:30●定休日/無休※冬季間は不定休●席数/110席●全席禁煙●駐車場/大内宿駐車場約400台（普通車300円/回）●交通/湯野上温泉駅から車で10分
福島県南会津郡下郷町大字大内字山本16-3　TEL0241-68-2926

- お座敷有り
- 大内宿駐車場又は大内宿町並展示館を利用
- テラス席ペット可

おろし揚げ餅そば・945円

金太郎そば 山本屋

大内宿の老舗でいただく濃厚くるみダレのそば

大内宿が観光化される前から店を営む一番の老舗。創業者"金太郎"そばの愛称で親しまれる。南会津産のそば粉100%を石臼で自家製粉し、いつも挽きたて打ちたてを味わえる。くるみもりそばは、会津坂下産のクルミを擂りペーストにしたタレでいただき、麺の細さや白さの想像をこすコシの強さと十一ならではの、のどごしが冴える。蕎麦湯を入れるとクルミの濃厚な香りが立って更においしい。

くるみもりそば・900円

こだわり情報
うるち米をつぶしたしんごろうが有名だが、焼き団子にじゅうねん味噌をぬってあぶったものが人気。囲炉裏で焼かれた岩魚も野趣あふれる優しい味わい。

■MAP/P56
●営業時間/8:30〜17:00 ●定休日/不定休 ●席数/60席 ●喫煙 ●駐車場/大内宿駐車場約400台(普通車300円/回) ●交通/湯野上温泉駅から車で10分
福島県南会津郡下郷町大字大内字山本15　TEL0241-68-2912

🐾 お座敷有り
♿ 大内宿駐車場又は大内宿町並展示館を利用
🐕 テラス席ペット可

栃の実もち 300円

メモ
宿泊可能
(宿泊は要予約)
URL
http://www.yamagataya.burari.biz/

山形屋

完全修復の江戸時代の古民家でいただく地粉100%の手打ちそばと温かなもてなし

平成元年に完全修復が施され、大内宿の中でも歴史的に貴重な建造物となっている。コシが強く香りが豊かな地粉100%の十一手打ちそばと、独特のほろ苦い風味ときなこの甘みがよく合っている栃の実もちが美味。目の前で焼いてくれる特大せんべいがハート型だと幸運かも。細やかで温かなもてなしと、何気ない会話の交流もまた楽しみのひとつ。

大内丸・250円

🐾 お座敷有り
♿ 大内宿駐車場又は大内宿町並展示館を利用
🐕 テラス席ペット可

■MAP/P57
●営業時間/8:00〜17:00 ●定休日/不定休 ●席数/60席 ●喫煙 ●駐車場/大内宿駐車場約400台(普通車300円/回) ●交通/湯野上温泉駅から車で10分
福島県南会津郡下郷町大字大内字山本43　TEL0241-68-2932

味処 みなとや

会津地鶏カレーと地鶏そば

大内宿で地鶏カレーが食べられる。平飼いで健康的に育てた地鶏のから揚げは弾力のある歯ごたえと香りがあり、ルーは玉ねぎと人参の甘さのあとにスパイスの辛味が控えめにピリリときいて、地鶏の味を引き立てる。そばは下郷産。地元の契約農家で製粉、蕎麦のうまみを余すことなくひきだす。会津地鶏そばもまた美味しい。(970円(税込))

■MAP/P56
●営業時間/9:30〜16:30 ●定休日/無休(12月〜3月は要予約) ●席数/100席 ●喫煙 ●駐車場/大内宿駐車場280台(普通車300円/回) ●交通/湯野上温泉駅から車で10分
福島県南会津郡下郷町大字大内字山本34番地
TEL0241-68-2933

🐾 お座敷有り
♿ 大内宿駐車場又は大内宿町並展示館を利用

会津地鶏カレー・1,200円(税込)

会津名物 ソースカツ

一杯の丼ぶりに込

なかじま
**ここだけのオリジナル
元祖煮込みソースカツ丼**

洋食屋のコックだった先代が、工夫を重ねて作った煮込み用のソースが決め手。煮込むことによってソースがまろやかになり、コクとうまみが口いっぱいに広がる至福の味。健育美味豚や会津産コシヒカリなど地産地消の食材にこだわる。キャベツたっぷりのソースカツ丼も人気。

■MAP/P65-C-2
●営業時間/11:00～14:30・17:00～20:00●定休日/火曜日(祝祭日は営業)●席数/80席●駐車場/30台(無料)●交通/会津若松ICより車で15分
福島県会津若松市上町2-39
TEL0242-24-5151

 お座敷有り

ソースカツ丼
1,000円

ソースかつ丼
1,000円

とんかつ 番番
**酸味のきいたソースに
ジューシーなカツ。会津産米コシヒカリ100％！**

食材は全て国内産。上質な豚ロースを自家製パン粉でじっくりと揚げてあるが、食感はサックリ。酸味の効いた自家製ソースと良く合い食欲をそそる。シャキシャキのキャベツとご飯が更に美味しくガツガツ食べてしまう。〝本当に大きなソースかつ丼〟2,000円といった遊び心メニューもある。

■MAP/P65-C-3
●営業時間/11:00～15:00・16:30～21:00●定休日/第2・4水曜日●席数/70席●全席禁煙●駐車場/20台(無料)●交通/会津若松ICより車で15分
福島県会津若松市東千石2丁目1-32
TEL0242-27-6327

 お座敷有り

めた会津伝統の味
丼食べ歩き♪

ソースカツ丼 800円

卯之家
会津の奥座敷東山温泉の一角で、バリエーション豊富なソースカツ丼が食べられる

揚げたてのカツに甘系のソースを付け、千切りキャベツをしいたご飯に盛り付けてある、オーソドックスなご当地グルメのソースカツ丼。しかしその味はバランスが良く、あっという間にペロリと食べられる。お客様の要望とカツの具材を研究したところバリエーションが増えて、ロース、ヒレ、チキン、エビの4種類から選べるのも面白い。

ソースカツ丼 810円

メモ
温泉街の複雑な地形で、カーナビを駆使しても場所が分かりにくいが、東山パークホテル新風月から右に細い道を入っていくと赤い暖簾がかかったお店がある。

ハトヤ本店
昔懐かしい昭和の味。

創業80年。昔懐しい昭和の味を守る。独特の甘辛ソースが美味しい。昔ながらの中華そばとセットで満足度は十分。お米は会津産コシヒカリ使用。

■MAP/P65-C-2
●営業時間/11:00～19:30 ●定休日/木曜日 ●席数/30席 ●駐車場/5台 ●交通/会津若松ICより車で20分
福島県会津若松市日新町14-14
TEL0242-27-2138

 お座敷有り

■MAP/P65-D-3
●営業時間/11:00～14:00・17:00～22:00
●定休日/年中無休※1/1～1/3のみ休業
●席数/24席 ●禁煙 ●駐車場/10台(無料) ●交通/会津若松ICより車で20分
福島県会津若松市東山町大字湯本字寺屋敷40　TEL0242-27-2067

 お座敷有り

美由希食堂
サックリ揚げたカツを自家製ソースにくぐらせたジューシーな味わい

自家製ソースにしみ込んだお肉の下には、自家農園でとれた新鮮キャベツ。シャキシャキのキャベツがソースの味を一段と引き立てている。名物カツ餃子もおすすめ。

■MAP/P65-D-1
●営業時間/11:00～19:00 ●定休日/水曜日 ●席数/30席 ●喫煙 ●駐車場/15台(無料) ●交通/会津若松ICより車で40分
福島県会津若松市米代2丁目7-18　TEL 0242-27-1629

 お座敷有り

ソースカツ丼 900円

この味、この量はメガトン級!!

デカい！分厚い！てんこ盛り！
これぞソースカツ道こだわり店主の真骨頂
さらにうまさ炸裂、味も太鼓判!!!

メモ
食べきれないお客様には、お持ち帰り用のパックも用意されている。(別途10円)

ロースカツ丼・1,550円

お食事処 むらい
驚きのマウンテンソースカツ丼！
とにかく出てきた時のインパクトが凄い！山のように高くそびえ立つ「カツの山」。ボリューム満点のその姿には誰もが圧倒。厚切りロースに甘過ぎないソース、ちょっと少なめの御飯がまた絶妙のバランスで、とにかく驚きの連続のソースカツ丼。有名雑誌に取り上げられており、駐車場には他県ナンバーがひしめき合う。

■**MAP/P65-D-2**
●営業時間/11:00～LO14:00 ●定休日/木曜日、毎月最終日曜日 ●席数/40席
●禁煙 ●駐車場/13台(無料) ●交通/会津若松ICより車で40分・国道118号沿い
福島県会津若松市門田町中野屋敷107-1　TEL0242-26-1037

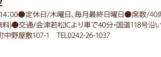
お座敷有り

名物カツ丼・1,150円

名物カツ丼の店
白孔雀食堂

創業以来多くのお客さんを魅了し続けるのは、カツの大きさだけじゃなくこだわり素材から。

言わずと知れた超有名店。脂身をカットした会津産豚の本ロースを自家製ラードで揚げた香ばしいカツに、70年間継ぎ足して作る秘伝のソースがたっぷり。もちろん米・野菜も会津産。女性に嬉しいのは、食べやすくカットされたハーフサイズの「あいづ花姫カツ丼」。ご飯少なめでキャベツ増量。お椀や箸など工房鈴蘭の可愛らしく上品な会津漆器で頂くことができる。

あいづ花姫カツ丼・950円

メモ
店主はプロレス好き。店内には、芸能人やテレビ取材関連の他にプロレス関係者のサイン色紙が多い。実は店主、マジックも得意。

■MAP/P65-C-2 　お座敷有り
●営業時間/11:00-15:30 ※売り切れ次第閉店 ●定休日/月・金曜日 ●席数/25席 ●禁煙 ●駐車場/6台(無料) ●交通/会津若松ICより車で20分
福島県会津若松市宮町10-37　TEL0242-27-2754

十文字屋

大きな磐梯かつ丼が度肝をぬくこの迫力でドーン！と登場!!!!!

創業平成元年。少し甘めの自家製ソースが特徴で、積み上げられたカツはなんと400g！ボリューム超満点な上に、プラス200円で更に大盛りにできる。大喰いの方は是非挑戦を。地元に愛されて常連客も多く、はるばる大阪から食べに来るお客さんもいる。その他ラーメンも旨いと好評。

■MAP/P65-B-1
●営業時間/平日11:00～15:00(土・日・祝日は11:00～19:00) ●定休日/不定休 ●席数/テーブル席28席・カウンター9席・座敷80席 ●禁煙 ●駐車場/25台(無料) ●交通/会津若松ICより車で5分
福島県会津若松市河東町浅山字堂ヶ入丙1602
TEL0242-75-3129

お座敷有り

磐梯かつ丼・1,200円

ソースかつ丼・1,000円

会津大学食堂
**激安ソースカツ丼540円（税込）!
学生さんに、会津の味を。**

ソースは自家製ブレンドで深みがあり、豚ロースの甘みと良いバランス。新鮮なキャベツがお肉の旨さを引き立てる。ご飯はもちろん会津米100%コシヒカリ。ソースカツ丼好きな学生さんは、日替わりランチセット459円（税込）があっても毎日オーダー!?一般人も利用可能。優しいお母さんたちが作る手作り料理。学生気分を味わうのも良い。

■MAP/65-A-2
●営業時間/11:00～19:00 ●定休日/土・日・祝祭日（大学の休日と同じ）●席数/500席 ●全席禁煙 ●駐車場/100台（無料）
※正面玄関から入り左奥の駐車場より近く ●交通/会津若松ICより車で8分
福島県会津若松市一箕町鶴賀
TEL0242-33-0774

メモ
となりのカフェ"はなみずき"（通称大学カフェ）では、若松の街中にある野口英世ゆかりの會津壱番館の自家焙煎の珈琲が飲める。1杯205円（税込）これまた美味しくお得♪

いとう食堂
**さっくりやわらか上質ロースの
ボリュームたっぷり
ソースかつ丼**

分厚いカツでボリューム満点。カラリと揚げられた衣の中のお肉は、サクッと噛みきれてとてもやわらく、ヒレ肉と思うほど上質な味わいのロース。ソースは甘辛さが程良く、驚くほどとても美味しい。ペロリと完食、大ヒット！昭和の懐かしさ漂う雰囲気の店内。店主は元精肉店オーナー。

■MAP/P65-C-1
●営業時間/11:30～14:00 ※夕方は出前配達のみ ●定休日/木曜日（水曜日の夜）●席数/18席 ●喫煙 ●駐車場/6台（無料）●交通/会津若松ICより車で15分
福島県会津若松市本町5-10 TEL0242-28-1839

お座敷有り

会津こだわり丼・1,380円

とん亭
おいしさとボリュームにビックリ

カツの柔らかさと特製ソースのまろやかさが旨い！特製ソースは創業以来注ぎ足しながら使用。肉汁と脂がソース壷の中で一体となり何ともまろやかな独特のソースが生まれる。ボリュームもしっかりなので食べごたえ満点。また、お米も地元産コシヒカリを使用したこだわりのソースカツです。

■MAP/P65-C-3
●営業時間/11:00～14:00・17:00～20:00 ●定休日/月曜日（祝日の場合、翌火・水曜日連休）●席数/50席 ●喫煙 ●駐車場/13台（無料）●交通/会津若松ICより車で20分
福島県会津若松市天寧寺町1-11
TEL0242-27-2191

 お座敷有り

味噌 miso

厳選 会津三

野沢宿味噌ラーメン

ニンニクの効いた濃厚で旨い味噌スープとほどよくからまった中太麺のその上に、煮込み炒めたたっぷり野菜がトッピング！この旨さは山の神様の恩恵豊かな西会津に行かなきゃ味わえない。『2010福島県うまいもんNO.1決定戦』優勝店もあり！　　（B級グルメ味噌ラーメン・P13へGO!）

コンシェルジュからの情報

会津地方の数あるラーメン店。その味を愛し、食べ歩いた二人がおすすめするラーメンをチョイス！会津若松は、コッテリ濃厚スープ好きの30代男性"イケ麺調査隊・まあ隊員"。喜多方ラーメンは、生粋の喜多方っ子で自らラーメンスープまで作ってしまう40代主婦の"喜多方観光コンシェルジュの大竹"。両人チョイスのラーメンを是非ご賞味いただきたい。

ラーメン

塩
shio

醤油
shoyu

会津山塩ラーメン
普通の塩ラーメンとは一味違うのが"山塩ラーメン"。大塩裏磐梯温泉を一週間近く手作業で煮詰めた添加物なしの貴重な天然の山塩。温泉のミネラルをたっぷりと含んだやわらかく深い味わいのスープは、透きとおった黄金色。
（裏磐梯エリア 桧原宿Sio-YA・P107へGO！）

会津・喜多方正油ラーメン
正油味はなんといっても日本三大ラーメンの一つ、喜多方ラーメン。現在110軒ほど軒を連ねる。太くちぢれた平打ち熟成多加水麺。基本の正油味は地元の醸造蔵で仕込まれたもの。チャーシューは、豚バラを煮た"煮豚"が特徴。若松の会津ラーメンは、独特な煮干し系のダシからコッテリ好きの背油系まで百花繚乱！
会津若松エリア・P68／喜多方エリア・P72へGO！

会津若松 エリア

私がおすすめします"イケ麺調査隊・まあ隊員"
こってり濃厚系のインパクトのあるラーメンが大好き！麺にこだわりは無く、極細から極太までストライクゾーンは広〜い。百聞は一麺に如かず！ラーメン食べ歩きは会津地方に限らず兎に角食べ歩きまくってまっす。

こうみ家

オーナーが独学で極めた豚骨スープ1本で勝負する店。その日の気温や仕入れた豚骨の状態から、火加減、時間を調整して作るスープはコク深く、マイルドな味わい。麺は特注の低加水ストレート麺と、スープとよく絡む多加水の縮れ麺からチョイス。お好みで麺の固さ、味の濃さなどを調整してくれる。構想5年、納得いく味を追求し、ついにメニューに加わった担々麺もおすすめ。

■MAP/P71-B-2
●営業時間/11:00〜21:00
●定休日/無休
●駐車場/25台(無料)
福島県会津若松市蚕養町6-38
TEL 0242-32-8334

味玉らーめん・780円

めでたいや

寿ナルトでお馴染みの人気店！煮干しの強い香りでこってり熱々スープが特徴。みそ味との相性もバッチリで、チャーシューも噛みごたえを残しつつ柔らかに仕上げられていて旨い。個性的な味わいで県・内外からのファンも多く、ハマってしまうとついつい足を運んでしまう、そんな一杯。

■MAP/71-C-3
●営業時間/火〜土11:00〜21:00
　日祝祭11:00〜20:00
●定休日/火曜日　●駐車場/40台(無料)
福島県会津若松市千石町3-1
TEL 0242-33-0288

白みそ中華・650円

食楽厨房 はせがわ

喜多方の有名店とはまた別のお店。魚系の風味が心地良いこってり系スープは、なかなか個性的な味わい。熱々なところもポイントが高い。食べ慣れた多加水の平打ち縮れ麺だけど、茹で加減、湯切り共に隙の無い仕上り！チャーシューは甘みを強めに効かせた独特の味付。脂身は歯応えが残っているうえに、肉の部分はしっとり柔らか！好みが分かれそうな味わいだが、それが逆に癖になる。リピート必至の一杯。

■MAP/P71-D-3
●営業時間/11:30～14:30/17:30～20:00 ●定休日/月曜日 ●駐車場/7台(無料)
福島県会津若松市門田町堤沢字北村66　TEL 0242-29-1355

ラーメン・560円

ネギラーメン・750円

ほていや

大きめの丼にたっぷりの熱々スープ。ダシがしっかりと感じられる辛みが効いた優しい味で、ほどよいこってり感と旨みは十分。モッチリ！つるつるライトなのど越しの平打ち縮れ麺も美味しい。自家農園の野菜を使用し、一面を覆うネギももちろん自家製。しょうゆ・しおラーメンは550円とは思えないコストパフォーマンス。使用するお米も店主が栽培する会津産コシヒカリ100％で食材にこだわる店。

■MAP/71-B-2
●営業時間/11:00～15:00・17:00～20:00(夜は土日祝のみ)※スープが無くなり次第終了
●定休日/月曜日 ●駐車場/20台(無料)
福島県会津若松市山見町130-1　TEL 0242-24-6448

坂　新

豚骨系のラーメンと魚介の出汁が効いた節系醤油ラーメンの二大看板を求め、連日お昼前から満員になるという。節系醤油ラーメンは透明なスープが美しく、一見すると正統派喜多方ラーメンそのもの。しかし、ひと口、口に含むと正統派の根幹を崩さずに現代風にアレンジされていて、スープをすくう手が止まらない。あっさりでは物足りない人には「あぶら〜めん」もおすすめ。

■MAP/P71-D-1
●営業時間/11:00～20:00 ●定休日/水曜日(祝日の場合は営業) ●駐車場/8台(無料)
福島県会津若松市城西町4-38　TEL 0242-23-8213

節系醤油ラーメン・680円

きむらや

地元の方なら皆さん御存知の人気店。まあ隊員のお気に入りは味噌ラーメン！煮干の香りがキリッと効いてる濃厚な味わいのスープは、中太平打ち縮れ麺との相性もバッチリ。トロットロのバラチャーシューも旨い！味噌ラーメンというとタンメン系が多い会津では珍しい味噌味ラーメンは、食べた者を虜にする魅力溢れる一杯。

■**MAP/P71-C-2**
●営業時間/11:00〜15:00・スープ無くなり次第終了　●定休日・水曜日　●駐車場8台(無料)
福島県会津若松市湯川町1-47　TEL 0242-26-8245

みそラーメン・650円

ふじ乃

スープは動物系のダシを効かせた直球勝負の判り易い味わい。こういうタイプのスープって好きなんですよねぇ〜。自家製手打ならではの太さの不揃いな中細ちぢれ麺は、コシがあってなかなか美味しい！バラ肉チャーシューは醤油の風味がキリッと効いている。噛み応えを残した肉々しい食感もグ〜。餡の少ないタイプのワンタンは好みが分かれそうだけど、手打の皮が美味しかったなぁ〜。なんとなくだけど、白河ラーメンぽい一杯。

■**MAP/P71-C-1**
●営業時間・11:30〜15:00・17:30〜20:00※素材が無くなり次第終了　●定休日・水曜日　●駐車場20台(無料)
福島県会津若松市湯川町2-35　TEL 0242-36-0615

ワンタンメン・700円

頓珍館

最強みそこってりらーめんは名前に恥じないこってりスープが特徴。本当に会津では最強かも！背脂や香味油の風味が心地良いんですよねぇ〜。ニンニクも結構効いている。会津ではスタンダードな麺だけど、スープとの相性はバッチリ！チャーシューは普通な感じ。味付玉子が絶品なので、是非トッピングしたいところ。好みが分かれそうな個性的な味わいですが、癖になる一杯。

■**MAP/P71-D-2**
●営業時間・11:00〜14:45・17:00〜20:45
●定休日・月曜日の夜(月が祝日の場合、その翌日の夜)　●駐車場18台(無料)
福島県会津若松市東年貢1-5-2　TEL 0242-28-3680

最強みそこってりらーめん・690円(税抜)

喜多方 エリア

> 私がおすすめします"喜多方観光コンシェルジュ大竹"
> 子どもの頃から喜多方ラーメンを食べ続け、親の代からも親戚やお客様が来ると喜多方ラーメンでもてなしている。味の好みは、基本の醤油味で、スープはある程度脂っこく、チャーシューはバラ肉で柔かくも歯ごたえのあるものがGOOD！

ラーメン・600円

香 福

しょう油味であっさり、すっきり。舌の肥えた地元客が昔ながらのシンプルな喜多方ラーメンを求めて通うお店。透き通ったスープは繊細でまろやかなコクがあり、分厚いチャーシューはホロホロと崩れる柔らかさ。「お肉ラーメン」は大量のチャーシューが麺を完全に覆い隠す。近所のおじさんの「いや～、うまかったぁ」という声がよく似合う。

■MAP/P75-B-1
●営業時間/7:30～16:00※スープがなくなり次第閉店 ●定休日/火曜日(祝日の場合は営業)
●駐車場/8台(無料)
福島県喜多方市字3-4840-1
TEL0241-23-3878

くるくる軒

職人気質のご主人が、正統派しょう油喜多方ラーメンの味を守りつつ、味の探求を忘れないメニュー豊富なお店。しかも、味つけや麺の固さも好みを聞いてくれる。おすすめメニューは、しょう油ラーメン、皮から作る餃子、チャーハン、そして10倍まで増やせる激辛ラーメン！辛口好きな方は是非。一口ミニ餃子もあり。

■MAP/75-C-1
●営業時間/11:00～15:00、17:00～20:00
●定休日/月曜日(祝日の場合は営業、翌日休み)
●駐車場/15台(無料)
福島県喜多方市字御清水南7364-2
TEL0241-22-3896

ラーメン・550円

坂内食堂

地元朝ラー率ナンバーワンのお店かも。透きとおるスープは、朝から食べてもあっさりとしていて、かつコクがある味。麺はモチモチ感があり、チャーシューの美味しさにも定評がある。肉そばが有名で、いつも行列のできる王道のお店。喜多方ラーメンでは珍しい塩味のラーメンだが、喜多方を代表するお店の1つ。

■MAP/P75-B-2
●営業時間/7:00～19:00●定休日/木曜日(祝日の場合営業)駐車場6台(無料)
福島県喜多方市字細田7230　TEL 0241-22-035

支那そば・600円

特製炒めそば・750円

食堂いとう

この店の一押しは、昔から地元ファンが多い"炒めそば"！本場喜多方ラーメンの土地にあり、店の数あるメニューの中でも人気。ラーメンの麺を店独自のソースベースで味付けした一風変わったもの。一度食べると又食べたくなる。アットホームな雰囲気についつい世間話に花が咲く…、なんてことも。珍しい喜多方ラーメンをご賞味あれ。

■MAP/P75-A-1
●営業時間/10:30～15:00●定休日/火曜日●駐車場5台(無料)
福島県喜多方市字1丁目4625　TEL0241-22-0970

松食堂

正統派"喜多方ラーメン"の店。スタッフは全員女性でお店を切り盛りしている。メニューはシンプルで、しょう油味のみ。スープはスッキリと、それでいてちゃんとコクがあり、店自慢の特製チャーシューはやわらかく美味しい。スープ、麺、チャーシュー全てのバランスが良い。喜多方ラーメンならではの味をあじわえる。

■MAP/P75-B-2
●営業時間/10:00～15:00●定休日/火曜日●駐車場/近隣駐車場利用
福島県喜多方市字細田7230　TEL 0241-22-9904

喜多方ラーメン・600円

食堂なまえ

手打ち麺の太さを好みで選べる。シンプルであっさりした透きとおったスープだが、一口食べるとちゃんと主張する味。しっかり味がしみているチャーシューもしつこくない美味しさ。その他のメニューも豊富にあり、仲の良いご夫婦が作る料理は、どこか体に優しい味がする。不定休なので電話で確認してから行ったほうがいい。

■MAP/P75-C-2
●営業時間/10:00～19:00(麺がなくなり次第終了) ●定休日・不定休 ●駐車場5台(無料)
福島県喜多方市字永久7693-3　TEL 0241-22-6294

極太手打ラーメン・520円

活力再生麺屋 あじ庵食堂

オーナーの出身地、塩川はその昔、潮泉が湧き、シジミの養殖が盛んだったという。そんな故郷の歴史を現代の食で再現したのが「山葵潮そば」。琵琶湖のセタシジミなどから出汁をとったスープは透明で、丸い味わい。そこに山葵の風味が利いて、スープ全体を引き締める。不思議と辛みはない。喜多方産ゆきちからの細麺もおすすめ。

■MAP/P75-A-1
●営業時間//平日10:00～、土日祝7:00～、閉店はいずれもスープがなくなるまで ●定休日/月曜日(祝日の場合は営業、翌日休み) ●駐車場/30台(無料)※大型車も可　福島県喜多方市清水が丘1丁目11　TEL 0241-23-6161

山葵潮そば・750円

すがい食堂

オーナーは、元トラック運転手！仕事柄、全国あちらこちらのラーメンを食べているうちに、自分好みのラーメンを作ったのをきっかけに店を出した。国道121号線沿いにあり、味もボリュームもトラック野郎に好まれる。ラーメン定食は、正統派喜多方ラーメンとモツ煮(豚)が選べる人気メニュー。

■MAP/P75-D-2
●営業時間・11:00～20:00 ●定休日/不定休 ●駐車場15台(無料)
福島県喜多方市豊川町高堂太西前田2129　TEL 0241-23-3673

喜多方ラーメン・600円

Information
喜多方 【きたかた】

蔵とラーメンで有名になった喜多方。それに加えて季節ごとの豊かで美しい自然の花々のおもてなし趣向をこらしている。3月の福寿草に始まり、4月にはカタクリや桜、5月はハナミズキやユリノキ、6月はヒメサユリや花しょうぶ、7月は雄国沼のニッコウキスゲなど、花と香りにつつまれて、ゆっくりした喜多方の時間も過ごせる。自分の好きな花の開花時期に合わせて訪れるのもまた一興。

旅の箸休め
花でもてなす喜多方

蔵
初めて訪れた人にも懐かしい郷愁を感じさせずにはおかない素朴な趣のあるまち、喜多方。それは、喜多方の蔵が観光のためにつくられたものではなく、現在も人が住み、使い、暮らしのうつわとしての役割を果たしているからなのだろう。表通りはもちろんのこと、路地裏や郊外の集落にまで蔵があり、その数は四千棟余といわれている。特に、甲斐本家の黒漆喰「蔵座敷」、若喜商店の縞柿「蔵座敷」などは有名。

新宮熊野神社「長床」
国の重要文化財である長床は、熊野神社の拝殿として建てられたもので、44本の太い柱に茅葺寄棟造り、周りには壁も扉もない吹き抜けの壮大な建物。その昔、修験者が厳しい修業に励んだ道場として使われたこともあるとのこと。秋の大イチョウの黄葉が見もの。

願成寺
嘉禄三年(1227年)に建立された浄土宗の古刹。国の重要文化財である「木造阿弥陀如来」は2.41mもあり、会津大仏と呼ばれている。小さな千体仏からなる舟形光背を背に、両脇を観音菩薩と勢至菩薩に守られてゆったりと座す姿に圧倒。

喫茶くら
アンティークな蔵造りの喫茶店で、のんびりした時間をどうぞ！

とってもクリーミーなナポリタンは、昔懐かしいような…、新しいような…不思議な味。リピーターが多い人気メニュー。明治時代末期に建てられた元綿屋の店蔵。落ち着く白漆喰の店内で、飯豊山伏流水で淹れた炭火焼ブレンド珈琲を味わう。

■MAP/P81-B-1
●営業時間/9:00～17:00 ●定休日/不定休 ●席数/37席 ●喫煙 ●駐車場/3台(無料) ※道路向かい側 ●交通/JR喜多方駅から徒歩15分・商店街にある
福島県喜多方市字一丁目4646
TEL0241-23-2687

ナポリタン・700円

Sushi & Kaiseki 寿司＆懐石

みなと寿司

お気軽に本格的なお寿司と喜多方ラーメンを～

まぐろ、いか、たこ、たまご、サーモンなど、安い、早い、うまい！月曜から日曜までランチができる。寿司はシャリも大きく、ボリュームあり。うなぎ料理もこだわっていて、天ぷらも揚げたてのサクサクで美味しい。サービスランチにのみラーメンが付く!!

サービスランチ・700円

■MAP/P81-B-3
●営業時間/11:00～14:00・17:00～21:00 ●定休日/水曜日※祝日の場合翌日休み ●席数/40席 ●喫煙 ●駐車場/7台(無料) ●交通/喜多方東高校近く・米沢街道沿い
福島県喜多方市字井戸尻4135-1　TEL0241-22-9825
お座敷有り

バラチラシ・800円

おゝ多寿司（おおたずし）

本格お寿司屋さんのお手軽ランチ

レディースランチはアイスクリームが食後にサービス。チラシ寿司やまぐろづくし丼など楽しめる。コーヒーとデザート付のこのランチはお得感あり。地元のサラリーマンや奥さま方に人気があり昼時はいつも満席。ふぐ料理も味わえる。

■MAP/P81-B-2
●営業時間/11:00～14:00(ランチタイム)・17:00～22:00 ●定休日/無 ●席数/17席 ●喫煙 ●駐車場/8台(無料) ●交通/お清水公園近く
福島県喜多方市字谷地田7394-2　TEL0241-24-5075
お座敷有り

Aランチ・780円

瑞　兆

至福のランチをお手軽にどうぞ！

さすが蔵の町喜多方と思わせる蔵造りの店内。新鮮なネタを使った茶わんむし付のお刺身ランチがおすすめ。フリードリンクで、白くツヤツヤとした美味しいご飯もお替わり自由。夜の食事も会席料理から一品料理までいろんなお料理が楽しめる。

■MAP/P81-B-1
●営業時間/11:30～13:40・17:00～22:00 ●定休日/不定休 ●席数/50席 ●喫煙 ●駐車場/8台(無料) ●交通/JR喜多方駅から車で5分
福島県喜多方市字三丁目4830
TEL0241-25-7251
お座敷有り

Western food 洋食

> **メモ**
> シェフは常に味への探究心を持ち続けていて、メニューにはないオムライスが食べたいなんてわがままもきいてくれる。

カランドリエ
気軽に本格的なレストランの味をどうぞ

気取りのない洋食屋さん。地元の人たちに親しまれ、会合などにも利用される人気店。どれを食べても美味！ランチタイムにはスープ、サラダ、ドリンク付でお得感満載。ライス、コーヒーお替わり自由の嬉しいサービスあり。

気まぐれランチ・990円

■MAP/P81-C-3
●営業時間/11:00〜21:00 ●定休日/木曜日 ●席数/42席・宴席80席 ●禁煙 ●駐車場/15台(無料) ●交通/国道121号沿い・喜多方警察署裏
福島県喜多方市関柴町上高額字北町455-4　TEL0241-25-7272

イタリアンフレンチ料理
ヴィーノ・ビストロ35
本格的なイタリア、フランス料理が味わえる！

マンマとマスター2人で息の合ったもてなしで、本格的なイタリアンが楽しめる。マンマおすすめはトリッパのトマト煮。季節によって野菜やその他の食材が変わるので、様々なパスタとともに楽しむことができる。雄国山を眺めながら、日常の喧騒を忘れさせる雰囲気。できるだけ予約を！

■MAP/P81-D-3
●営業時間/11:30〜14:00(L.O.13:30)・18:30〜22:00(L.O.21:30) ※要予約 ●定休日/月曜日 ●席数/20席 ●禁煙 ●駐車場/7台 ●交通/JR喜多方駅から車で約15分
福島県喜多方市熊倉町字東裏697-2　TEL0241-23-0035

日替りランチ・600円

ランチハウス 會 （あい）
ゆっくり、お手軽ランチを楽しめる

静かにおしゃべりを楽しむ女性やビジネスマンに支持されるお店。ランチのドリンクはコーヒー、紅茶、緑茶お替わり自由。メニューも日替りで6種類くらいある。本格的な釜飯もおすすめ。

■MAP/P81-D-2
●営業時間/11:00〜17:00 ●定休日/日曜日 ●席数/24席 ●喫煙 ●駐車場/12台(無料) ●交通/国道121号沿い・小野瀬工業向い
福島県喜多方市豊川町高堂太1168　TEL090-3646-7482

トリッパのトマト煮とサラダプレート・1,080円

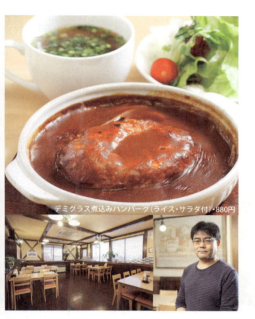

デミグラス煮込みハンバーグ(ライス・サラダ付)・880円

食堂つきとおひさま
昭和が香る空間で、子供に食べさせたい体に優しい料理

かつて豆腐店だったという古い家をリノベーションした空間は、懐かしさと心地よさが入り交じる。「体に優しいご飯を食べさせたい」という料理は、なるべく地元の野菜や調味料を使い、生産者が見えるもので提供している。ランチは常時4種類(850円〜)。いずれも野菜中心でボリュームたっぷりだ。土間に並ぶ愛らしい雑貨や洋服を求める客も多い。

■MAP/P81-B-1
●営業時間/10:00〜18:00●冬期間(12〜3月)11:00〜18:00●定休日/火曜、水曜(祝日の場合は営業)●座席数/24席●駐車場/7台●交通/JR喜多方駅から車で5分
喜多方市字寺町南5006　TEL.0241-23-5188

旬のおかず定食(メイン料理・総菜4品・サラダ・十穀米・汁もの1,000円

キッチンスペース ガーデン
ボリューム満天なアットホームな雰囲気のレストラン

マスター手作りの豆腐がおすすめ！まったりとクリーミーな美味しさは一度食べたらやみつき！ピザの生地も手作りで、パリパリふっくらと美味。他にもカレー、ハンバーグ、メニューも豊富で、味もボリュームも大満足。裏メニューにマスターの手打ちそばあり。

■MAP/81-B-2
●営業時間/11:00〜14:00・17:00〜21:30●定休日/水曜日●席数/50席●喫煙●駐車場/10台(無料)●交通/JR喜多方駅から車で5分
福島県喜多方市惣座宮2700-14
TEL0241-24-3864

 お座敷有り

ソースカツ丼・870円

杉葉精肉店
お肉屋さんのいろいろランチ

地元でも人気のお肉屋さん。桜刺身が新鮮で東京から買いに来る観光客もいる。最近始めたランチも好評で、メニューが豊富。メンチカツや唐揚げなどのお惣菜も美味しい。

■MAP/P81-B-2
●営業時間/11:30〜13:30(精肉店9:00〜18:00)●定休日/月曜日●席数/25席●喫煙●駐車場/4台(無料)●交通/喜多方駅から車で5分・喜多郵便局前
福島県喜多方市惣座宮2721
TEL0241-22-0124　お座敷有り

cafe カフェ

樟山珈琲店 (くぬぎやま)

珈琲好きの店主が世界各地の生豆を扱う専門店。手作りハンバーグや自家製珈琲ソフトがたまらなく美味。

パフェ各種・600円～
珈琲・400円～

自家焙煎機からは珈琲の香りがたたよう、店主の遊び心が隅々まで行き届いたポップな店内。ここのお店は模様替えが多いのも楽しみのひとつ。手作りハンバーグやジョンソンヴィルソーセージを使ったドリアなどの軽食が食べられ、食後のスイーツは見た目も味も満足。自家製珈琲ソフトは是非おすすめ。

■MAP/P81-B-3
●営業時間/喫茶店11:00～15:00、コーヒー豆販売16:00～17:00 ●定休日/日・月曜日 ●席数/15席 ●分煙 ●駐車場/有(無料) ※道路向の馬車の駅を利用 ●交通/JR喜多方駅から車で10分
福島県喜多方市字南町2867
TEL0241-24-5190

メモ
環境と体にやさしいお水を使用しているで、水に興味のある方は是非ママさんと話しに花を咲かせてみては！

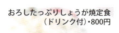
おろしたっぷりしょうが焼定食
(ドリンク付)・800円

かふぇ みぃ～ず

お水にこだわる小さなお店。ごゆっくりどうぞ！

ランチメニューのおろしたっぷりしょうが焼定食がおすすめ。喜多方ではめずらしい「環元水」onlyで、安心安全を提供。その環元水で淹れたコーヒーとフワフワシフォンケーキもおすすめします。きれいなママさんのいるお店。

■MAP/P81-A-2
●営業時間/11:00～18:00 ●定休日/水曜日 ●席数/14席 ●喫煙 ●駐車場/10台(無料) ※厚生会館駐車場 ●交通/喜多方第一小学校手前
福島県喜多方市沼田6981

甘味処 うらら

お子さまからお年寄りの方までの憩いの場

冬でもフワフワのかき氷が食べられる。あんこはオーナー手作りの甘さ控え目。女性オーナーの笑顔が素敵で、店内の雰囲気もとても落ち着く。

■MAP/P81-C-2
●営業時間/11:00～18:00 ※18:00までに入店あれば19:00まで ●定休日/不定休 ●席数/20席 ●喫煙 ●駐車場/5台(無料) ●交通/喜多方駅から車で5分・徒歩15分
福島県喜多方市字西四ッ谷324
TEL0241-24-2529

お座敷有り

メモ
白玉が好きな方、あんこがもっと欲しい～などわがままを聞いてくれる。一言お願いしてみましょう。

うらら1番抹茶ゼリーとかわいい冷し白玉クリームぜんざい

そば処、会津。

福島県オリジナルそば品種『会津のかおり』誕生秘話

うつくしま蕎麦王国協議会
会長・唐橋 宏

昭和59年に山都町(現喜多方市)でそばのむらおこしがはじまり、その後、会津全域に広まり大きなうねりとして活動が展開されました。その活動を束ねたのが「会津そばトピア会議」で、平成3年設立、それから20年、会津そばを全国ブランドにするための様々な事業を展開されました。

そんな中で、固有の品種を持たない弱みを痛感し我々が県知事に直訴したのが平成14年。県の農業試験場で在来種の特性調査から、優良系統の選抜、品種固定を繰り返して育種さ

会津のかおり蕎麦の実

福島県、特に会津地方はそば処として全国に知られてる。
会津藩の藩祖保科正之公が信州高遠から
移封されたときにそば切りの文化が伝わり、
会津では振る舞いそばの文化が育まれ、
ご馳走としてのそばが現在に受け継がれている。

会津のかおりの花(磐梯町)

会津のかおり蕎麦畑(金山町)

れ、栽培のしやすさ、蕎麦の実の粒揃い、収量が高いなどのほかに、打ちやすく、おいしい食味を重視、食味テストを繰り返して、県と会津そばトピア会議が一丸となっておいしい蕎麦を目指した品種の選定をおこないました。

品種名を公募して、県知事が命名。平成19年春、品種登録申請をして、平成21年4月に正式に品種登録されました。「会津のかおり」の特徴は、粘りがあり打ちやすく、味、香りなどの食味が優れていること、特にもちもちとした食感が際立っています。また、栽培しやすく県内全域で栽培でき、粒揃い、粒張りがよく、収量が高いなど理想的な品種が誕生しました。

福島県全域で栽培がはじまり、「秋そば日本一」を目指して、官民一体となって「全国ブランド化」実現に向けて活動を展開しています。

会津若松

桐屋 夢見亭
曲り家で食べる直球そば

奥会津只見町の曲屋を移築復元した店舗は、天井が高く柱や梁の太さに雪深い会津の暮らしを感じさせる。飯豊山霊水だけですすり込む作家村松友視氏命名の夢見そばをいただく。コシ、のどごし、香り、味ともにきめ細やかで、店主の自信を感じる期待を裏切らない蕎麦。蕎麦はもちろん、水や野菜やつゆの原料などすべてお客様の健康を考え、安心安全な食材の提供を心掛けている。メニューをじっくり読むのが楽しい。

■**MAP/P88-C-3**
●営業時間/11:00～17:00●定休日/火曜日●席数/70席●禁煙●駐車場/30台(無料)●交通/会津若松ICから車で15分・いにしえ夢街道沿い
福島県会津松市慶山1-14-52
TEL0242-27-5568

そば三昧 1,620円

メモ
"観光カリスマ"にも選ばれた唐橋社長の蕎麦の蘊蓄は随一。野菜ソムリエ、熟燗名人取得のスタッフもいる。上町には姉妹店桐屋権現亭がある。

夢見そば 520円

桐屋 権現亭　■MAP/P88-C-2
●営業時間/11:00～15:00・17:00～21:00●定休日/水曜日●席数/80席●禁煙●駐車場/10台(無料)●交通/会津若松ICから車で15分
福島県会津若松市上町2-34　TEL0242-25-3851

 お座敷有り

権現亭店内

花衣みぞれ蕎麦900円

あいづ伝統郷土料理 祥(しょう)
若い世代に伝えたい、会津の本物の味

大町四ツ角にあるお店。女将お薦めの山菜キノコうどんをいただく。春は山菜、秋はきのこ。店主自ら山に入り採ってきた食材を活かしたメニューには、天然素材へのこだわりが垣間見える。うどんには珍しいちぢれ麺を使用。コシが強く喉越しはなめらか。びっくりするのは山菜ときのこのこの美味しさ。丁寧に処理されて、大きく、プリプリ、ふわふわとしていながら山の恵みを凝縮した深い味わいがある。透き通ったタレはカツオの風味豊かですっきりとしていて、具材の味をより引き立てる。素材本来の味を最大限に引き出したこの店の料理は、どれをとっても本物の味。

十割手打蕎麦 そば処 中むら
骨董を愛でながら姉妹の蕎麦を楽しむ

七日町散策の途中で寄れるお蕎麦屋さん。店内は古器や骨董品が良く展示され、時の流れを感じながら、のんびりと蕎麦を楽しめる。花衣みぞれ蕎麦は揚げ玉が繊細、大根おろしもどうやっておろしたのか、とてもシルキーなのど越し。肝心の蕎麦はつなぎなしの飯豊山麓の地粉のみを使用し丹精に打上げた十割手打蕎麦は力強い歯ごたえと滑らかな喉越しに、うんうん！とうなづける余韻がある。大吟醸と言われる蕎麦をぜひ味わってほしい。そばにはオリジナルの蕎麦豆腐がつく。ねっとりとした食感で蕎麦の香りと甘さがくせになる。

■MAP/P88-C-2
●営業時間/11:00〜21:00●定休日/金曜日●席数/50席●駐車場/有
※近くに有料駐車場あり(1時間無料券を配布)●交通/JR会津若松駅から車で3分
福島県会津若松市大町1-9-6
TEL0242-32-2556

お座敷有り

■MAP/P88-C-2
●営業時間/11:30〜そばが無くなり次第終了●定休日/火曜日●席数/20席●喫煙●駐車場/5台(無料)●交通/会津若松ICから10分
福島県会津若松市七日町6-18
アイバッセ内
TEL0242-24-4617

お座敷有り

アイバッセ内

かみしろや
風味と食感にこだわった上品なそば

店の佇まい同様、繊細で美しいそばをいただける店。香り用と食感用の2種類のそば粉に挽き分けた山都産のそば「会津のかおり」は生産農家から直接買い付ける。粒子の異なる2つの粉を風味重視の水捏ねで打つことで、そば本来の甘み、香り、そして食感を存分に楽しむことができる。おすすめは鴨ざるそば。鴨の出汁と鰹節を惜しげもなく使ったそばつゆで作るつけ汁は旨みが凝縮され、シンプルな味わいのそばとよく絡む。

鴨ざるそば・1,150円

お座敷有り

■MAP/P88-C-2
●営業時間/11:00〜15:00、17:30〜19:00(日によって昼のみ営業の場合もあり)●定休日/月曜日(祝日の場合は営業、翌日休み)●席数/28席●禁煙●駐車場/10台(無料)●交通/会津若松駅から車で10分
福島県会津若松市城東町1-50 TEL0242-26-8648

そば処 彦いち
二種のつゆでいただく猿楽台の蕎麦

言わずと知れたラーメン激戦区にあり、行列を横目にゆったりと蕎麦を楽しめる。蕎麦の魅力にはまり、脱サラで店を構えた店主は、南会津地方の標高700mにある猿楽台の蕎麦粉を石臼で粗挽き製粉し打った二八そば。細く均等で白めの蕎麦は跳ねかえるようなコシの強さと、二八のもつさわやかなのど越しと、そしてふくよかな蕎麦の香りと味がひろがる。タレは大根のしぼり汁の高遠と風味豊かなカツオのタレの両方でいただけるので一杯で二度おいしいお得感あり。

メモ
季節によって旬の素材を使った小鉢付。若い方のおなかを満たすために丼物と蕎麦のセットメニューもあり。

■MAP/P88-D-3　　天もりそば・1,400円

●営業時間/11:00〜15:00　●定休日/水・木曜日※祝日のときは営業　●席数/20席　●禁煙　●駐車場/6台(無料)　●交通/会津線芦ノ牧温泉駅から車で3分※そばののぼりが目印
福島県会津若松市大戸町上三寄大豆田878
TEL0242-92-2320

お座敷有り

そば御膳・1,260円

メモ
蕎麦のポタージュ、そばがき、焼きそば、蕎麦のパン、蕎麦湯と蕎麦の七変化が味わえる。

御祭大使館 蕎麦の坊
本物の味わい！これぞ「会津扶ち蕎麦」

くいしん坊の店主が打つのは「会津扶ち蕎麦」。100%の地粉を打ち粉を使わず、極太の綿棒で打って打って打ちまくり、決して伸ばさない。そばは中太。扶打ちならでどっしりとしたコシの中にもっちりとした風味と甘みを感じる。世界各国の岩塩を店主がブレンドしたガツンと感じる塩蕎麦も味わってほしい。

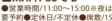

■MAP/P88-C-2

●営業時間/11:00〜15:00※夜は要予約　●定休日/不定休　●席数/15席　●禁煙※"禁煙の店"看板有　●駐車場/4台(無料)　●会津天宝駐車場も可(無料)　●交通/ JR七日町駅から車で3分
福島県会津若松市七日町1-1
TEL0242-26-0115

 お座敷有り

盲導犬可

鴨ざるそば・1,296円

メモ
新そば会毎年12月第1土日開催(11:00〜20:00)。地方発送有※HPより申し込み。

そば処 和田
自家栽培・自家製粉「会津のかおり」の十割そば

店主自ら南会津の山々に囲まれた畑で、福島県オリジナルそば新品種「会津のかおり」を栽培。鴨ざるそばは独特の舟形の陶器に蕎麦が盛られている。極太の焼きねぎの香りと風味のあとから、鴨の力強いコクが味わえる。美味しいつゆで味わう蕎麦は、適度なコシとふわりとした優しいのど越しと甘み。揚げそば大福もお薦め。

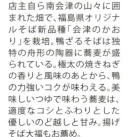

揚げ蕎麦大福140円

■MAP/P88-C-3

●営業時間/11:00〜15:00・17:00〜20:00※蕎麦がなくなり次第終了　●定休日/火曜日※祝日のときは営業　●席数/テーブル30席・奥座敷50席　●禁煙　●駐車場/20台(無料)　●交通/会津若松ICより車で15分・JR会津若松駅より車で5分
福島県会津若松市和田2-2-9
TEL0242-28-1001

 お座敷有り

天ざるそば・1,050円

純手打ちそば・うどん 打城(うつしろ)

のれんをくぐるとカツオの香り。隠れ家蕎麦屋!!

ナビではたどり着けない閑静な住宅街にたたずむ隠れ家的なお蕎麦屋さん。迷路のような道を進んで見つけた時に喜びがある。暖簾をくぐると鰹ダシの良い香りが鼻をくすぐり、懐かしい印象。天ざるの天ぷらは元ホテルの調理師だった店主のダイナミックな衣がサクサクと心地いい。徹底管理された地粉の一番粉に甘皮を少々加え上質な小麦粉をつなぎにした二八そば。細めでコシもつよく、二八独特ののどごしと風味が味わえる。丼と蕎麦のセットメニュー。二三人前あるお得な五合そばや天婦羅盛り合わせなども人気。

メモ
蕎麦の実アイスがある。夜の居酒屋メニューも好評。

■ MAP/P88-A-3
●営業時間/11:00～15:00・17:00～19:50 ●定休日/火曜日 ●席数/店内20席・奥座敷20席 ●禁煙※宴会場喫煙可 ●駐車場/6台(無料) ●交通/会津若松ICから15分
福島県会津若松市一箕町松長4-9-27
TEL0242-25-3758
お座敷有り

そば処 岩人

目の前が自家農園 農家のお蕎麦屋さん

集落の畑の中にポツリとあるお蕎麦屋さん。温かい蕎麦は合鴨のダシ、冷たい蕎麦は鰹ダシ。かけそばを注文すると、出てきたのはけんちん風の蕎麦。強清水の地粉100%の蕎麦は中太でほんのりと白く、やわらかな口当たりで甘さが広がる。鴨の個性を壊さない、ゴボウや人参などの根菜の風味がそばに絡んで何とも癒されるおそばです。目の前が自家農園と言うことで、旬の野菜を季節によって提供。四季折々に伺いたい。

天ざるそば・1,100円

■ MAP/P88-B-1
●営業時間/11:00～14:00・17:00～19:00(要予約) ●定休日/月曜日 ●席数/26席 ●喫煙 ●駐車場/7台※店舗前と道路向かいのハウス前 ●交通/会津若松ICから車で7分
福島県会津若松市神指町東城戸62
TEL0242-33-9966
お座敷有り

メモ
会津のかおりを使用。店頭で蕎麦打ち実演が見学できる。ファミマンカード加盟店。新そばの時期は1:9の蕎麦が楽しめる。

■ MAP/P88-C-3
会津の天ざる・1,700円(税込)
●営業時間/11:30～14:30(ラストオーダー)・17:00～20:15(ラストオーダー) ●定休日/月曜日(祝日の場合翌日休み) ●席数/50席 ●禁煙 ●駐車場/16台(無料) ●交通/会津若松ICから15分
福島県会津若松市東千石1-5-17
TEL0242-28-5681
お座敷有り

手打そば・うどん 徳一

うまさへの願いを込めた、こだわりの味と香り

飯盛山に近く、観光客や地元客でいつも賑わうお店。会津の天ざるは、高遠そばとスルメ、ニシン、饅頭、フキノトウなど郷土独特の素材と旬の素材を味わえる。小鉢にはニシンの山椒漬け。蕎麦は玄そばを自家製粉。会津のかおりをメインに地粉をブレンドした二八蕎麦。店頭で職人の打った、打ち立て茹でたての蕎麦は独特のコシと柔らかなのど越し。野菜や山菜など地産池消を心がける福島県健康応援店。水にもこだわる。

喜多方
| 山都エリア |

もりそば・840円

元祖手打そば　やまびこ
自家製粉の香り高い蕎麦が魅力
地元客にも人気の店

ご主人は蕎麦の名産地・宮古の出身。蕎麦栽培と製粉を中心とした農業を生業としていたご主人が蕎麦の店「やまびこ」を開店したのは昭和63年。〝技術は素材を超えない〟という観点から今でも蕎麦は自家栽培にこだわり、蕎麦本来の風味を活かした香りの高い蕎麦を打つ。季節の山菜や野菜を揚げた天ぷらに、まんじゅうの天ぷらが絶品の「天ざる」が一番人気だ。

メモ
1,260円以上の商品をご注文された方には揚げまんじゅうサービス！

会津山都蕎麦　蕎邑(きょうむら)
石臼挽き自家製粉にこだわった
粗挽き十割蕎麦を召し上がれ！

「蕎麦は製粉が命！」と豪語する店主。地元の玄蕎麦を石臼で粗挽きした粉と、石臼の浮きを変えて丁寧に挽いた細かな粉を合わせたつなぎを使わないこだわりの十割蕎麦は、豊かな香りとコシの強さが特徴。山都一の呼び声も高いほど人気のお店だ。地元産小麦粉「ゆきちから」をベースに使った強いこしと爽やかな喉越しが特徴の「うむどん」も人気。

■**MAP/P91**
●営業時間/11:00～15:00※15:00以降要予約●定休日/水曜日・年末年始●席数/28席(団体様用大広間あり)●禁煙●駐車場/10台(無料)●交通/会津坂下ICから15分(約13km)
福島県喜多方市山都町中石打場3261-3
TEL 0241-38-3344　お座敷有り

■**MAP/P91**
●営業時間/1～3月11:00～15:00、4～12月11:00～18:30※なくなり次第終了●定休日/木曜日●席数/50席●喫煙●駐車場/17台(無料)●交通/JR磐越西線山都駅すぐ近く
福島県喜多方市山都町広野七十刈2320-9
TEL 0241-38-3131
HP・http://www.yamabiko.jp
お座敷有り

天ざる・1,260円

ざるそばセット・1,500円

お食事処　萬長
**四代に渡って愛され続ける
お食事処とそばの店**

お食事処や宴会場として古くから地元の人たちに愛されてきた人気のお店。現在、四代目店主の田代衛さんは、東京日本橋の料理屋で修業し、後に実家である「萬長」を継ぐ。22年程前から本格的に蕎麦打ちを始め、新たにメニューに加えると、「美味しい！」という評判が口伝えに広まり、今では「萬長」の蕎麦を目当てにわざわざ遠くから訪ねて来るお客も多い。

■**MAP/P91**
●営業時間/11:00～15:00　17:00～19:00　●定休日/火曜日　●席数/32席　●昼/禁煙・夜/喫煙　●駐車場/10台（無料）　●交通/山都郵便局近く
福島県喜多方市山都町字木曽498-1
TEL0241-38-2231

お座敷有り

宮古そば　権三郎
**家伝の味わい大切に
母娘三人で切り盛り**

自家栽培の蕎麦粉を使用。打つ度毎に粉を挽き、一升の玄そばから出る粉を少なくした喉越し滑らかな蕎麦は、そば本来の甘みと香りを存分に楽しめる。旨味調味料に頼らない天然のダシを丹念に取り味付けされた郷土料理や地元で採れたきのこやくずの花など、野趣豊かな季節の味わいも楽しむことができる。

メモ
『會津ManMa』をみましたの一言で、小鉢サービス

夢見そば・2,000円

■**MAP/P91**
●営業時間/11:00～蕎麦がなくなり次第終了　●定休日/不定休　●席数/50席　●分煙　●駐車場/10台（無料）　●交通/津川ICより32km、国道459号沿い
福島県喜多方市山都町蓬莱字中村4576
TEL0241-38-2586

お座敷有り

懐石そばAコース・3,675円(税込)

懐石そば かわまえ

**コース料理が特徴の
女性にも人気のお店**

落ち着いた雰囲気の中で時間を掛けてゆっくりと味わいながら楽しむコース料理が特徴。繋ぎなしの十割蕎麦はもちろん、会津の郷土料理、季節の山菜料理などを贅沢に味わうことができ、味付けは関西風の薄味なので女性客にも人気。首都圏や京都、大阪といった遠方からのお客様が多く、その8割以上はリピーターだという。蕎麦は食べ放題！というのも嬉しい！

メモ
ホームページに割引クーポン有。

■MAP/P91
●営業時間/10:30～15:00 ●定休日/木曜日(1・2月は不定休)※要電話確認 ●席数/130席 ●禁煙 ●駐車場/10台・共同駐車場30台※大型車可(無料) ●交通/津川ICより32km、国道459号沿い
福島県喜多方市山都町宮古4575
TEL0241-38-2588

お座敷有り　ペット用個室有り

ざるそば・700円

メモ
自家製刺身コンニャクときのこもおすすめです。

一ノ戸弘法そば

**江戸時代からの製法によるこだわりの
逸品一ノ戸弘法そば**

飯豊山麓の大自然の中で、店主が一年間かけて育て上げた、香りと粘りのある繊細な蕎麦の実を使い、真心込めて打ち上げた本手打ちの「生蕎麦」が特徴。その昔、空海(弘法大師)が飯豊山に登るときに立ち寄ったとされ、修行に訪れた行者たちに蕎麦を打ってもてなしたという歴史あるお店。蕎麦の香りとツルっとした喉越し、そして歯ごたえある究極の蕎麦が味わえる。

■MAP/P91
●営業時間/10:00～15:00(変動あり) ●定休日/不定休 ●席数/35席 ●禁煙 ●駐車場/15台(無料) ●交通/会津坂下ICより25km、県道385号沿い
福島県喜多方市山都町一ノ木字高野原乙3264
TEL0241-39-2081

お座敷有り

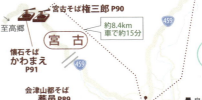

山都エリア

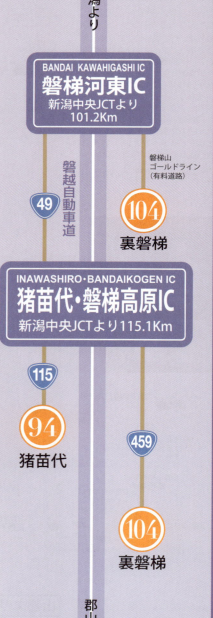

| 旅の箸休め | 猪苗代・裏磐梯エリア

表磐梯と裏磐梯で四季折々の表情をみせる磐梯山。山紫水明の豊かな自然の宝庫。……94

猪苗代／96 – 103

- 郷土料理 芳本茶寮
- くいものや ラ・ネージュ ……96
- 手打そば処 おおほり
- 手打蕎麦工房 そば楽人
- 蕎麦物語 遊山 ……97
- CAFE オヤヂ
- TARO CAFÉ
- DENDEN COFFEE ……98
- デセール カワウチ
- ピッツア＆レストラン 梨の木 ……99
- ドライブイン磐尚
- Coffee Shop HiRo
- ガーデンローズ 茶房そら ……100
- ビルゴ洋菓子店
- お菓子工房 Fuchs Berg ……101
- 和菓子処 会津豊玉

エリアマップ／猪苗代エリア ……102・103

裏磐梯／104 – 107

エリアマップ／裏磐梯エリア ……104

- ホテル＆リストランテ イル・レガーロ ……105
- ヒロのお菓子屋さん(剣ヶ峯テイクアウト店)
- ハーブスペース バンディア
- パン工房 ささき亭 ……106
- レストランモントレー
- 水峰
- 桧原宿 Sio-YA ……107

鬼沼から磐梯山と猪苗代湖を望む

旅の箸休め

猪苗代・裏磐梯エリア

表磐梯と裏磐梯で四季折々の表情をみせる磐梯山。山紫水明の豊かな自然の宝庫。

猪苗代湖は天鏡湖とも謳われ、裏磐梯には檜原湖や五色沼を代表とする湖沼群が点在。
カヌーや登山や森歩きに滝探検、パラグライダーで空中遊泳も楽しめる。
そしてウインタースポーツはスキー＆ボードなどなど、オールシーズン満喫できる日本屈指のリゾート地。

猪苗代・磐梯高原で

裏磐梯と中瀬沼

達沢不動滝

ノ沢温泉街から山の中へ少し入ったところにある。滝までのアクセスが比較的楽で、家族連れでも大丈夫。駐車場からほぼ平坦な沢沿いの道を森林浴をしながら約10分ほど歩くと出逢える。
福島県耶麻郡猪苗代町達沢
TEL0242-62-2048（猪苗代観光協会）
駐車場／10台（無料）

天鏡閣

明治41年（1908年）、猪苗代湖北岸の高台に有栖川宮威仁親王の別邸として建造された。ルネッサンス様式の匠をこらした建築の内部は、気品にもちあふれている。
福島県耶麻郡猪苗代町大字翁沢字御山1048-14
TEL 0242-65-2811
開館時間／5月～10月 8：30～17：00
　　　　　11月～ 4月 9：00～16：30
年中無休
入館料／一般 360円・高校生 210円
　　　　小中学生100円
駐車場／43台・バス9台（無料）

猪苗代湖・檜原湖遊覧船

国内で4番目に大きな猪苗代湖の湖上から、雄大な磐梯山を眺望できるレイククルージング。"翁島めぐりコース"、裏磐梯の檜原湖の"翁島めぐりコース"は毎日運航。（4月上旬～11月中旬まで）
営業時間※運航時間は要確認
猪苗代湖／9：30～15：30
檜原湖／8：30～16：00
乗船料／大人 1,300円
　　　　小児 650円
※12月～3月水・木曜日定休
猪苗代長浜営業所
TEL0242-65-2100
桧原湖磐梯高原営業所
TEL0241-32-2826
磐梯観光船 TEL0242-25-3722

土津神社

会津藩祖保科正之公を祀った神社。正之公が寛文12年（1672）12月に亡くなると、遺言通り神社が造営された。創建当初の社殿は戊辰戦争時に焼失したが、明治13年（1880）に再建。境内にある亀跌の石柱は日本最大のもので高さ7.3m、重量は30ｔ。伝説によると、亀石は南向きに置かれ眼下に猪苗代湖が見え、一夜のうちに湖まで這い出してしまったため、北向きにしたところ、二度と這い出すことはなかったという。
福島県耶麻郡猪苗代町字見祢山1
TEL 0242-62-2160
駐車場／10台（無料）
参拝料／無料

猪苗代観光協会
TEL0242-62-2048

裏磐梯観光協会
TEL0241-32-2349

野口英世記念館

医学者、野口英世博士の記念館。博士が火傷をした囲炉裏や上京するとき決意を刻んだ床柱が当時のままに残る。研究業績や趣味、母シカとの書筒なども展示してある。
福島県耶麻郡猪苗代町大字三ツ和字前田81
TEL 0242-65-2319
開館時間／
4月～10月：9：00～17：30
11月～ 3月：9：00～16：30
年中無休（年末年始休館）
大人（15歳以上）600円
こども（小中学生）300円
駐車場／300台・大型バス15台（隣と共用・無料）

世界のガラス館

世界80ヵ国のガラス製品から日用品まで高級クリスタルが3万点以上取り揃えられている。ガラスの製作体験もでき、自家焙煎のコーヒーのカフェやレストランも併設。
福島県耶麻郡猪苗代町大字三ツ和字村東85
TEL0120-72-7472・
　　0242-63-0100
営業時間／9：00～18：00
※季節により変動あり
詳しくはお問い合わせ下さい。
年中無休
入場料／無料
駐車場／350台・大型バス15台（無料）

五段そば

いわはし館　■MAP/P102-C-3

物産など各種取り揃えており、初夏から秋にかけて地元農家の朝どり高原野菜の直販もしている。広々とした店内では"そばの里いなわしろ"を代表する手打ち蕎麦も食べられる。五種の薬味で食べる"五段そば"は、こづゆ付でおすすめ。
福島県耶麻郡猪苗代町三ツ和字村西65　TEL0242-72-0212
営業時間
■農産物直売・売店
7～11月 9：00～16：00
12～6月 10：00～15：00
■そば店
4～11月 11：00～15：30
12～3月 11：00～14：30
駐車場／100台・大型バス10台（無料）
定休日／4～11月無休・12～3月水曜日休

猪苗代
【いなわしろ】

"磐梯おろし"でも知られる豪雪地帯の猪苗代。
雪解け水が山々を潤わせ、夏季の昼夜の寒暖差が東北有数の蕎麦を育てる。
趣ある郷土料理はもちろん、お洒落なカフェやスイーツ店がひしめく日本屈指のリゾート地。

郷土料理 芳本茶寮

丁寧に炊き上げた会津わっぱめし
磐梯山のふもとで味わう祝言そば

日本画などをしつらえた料亭風の和室で、窓から見える田畑や磐梯山もごちそうの一つ。祝言そばは、山鳥とゴボウのかけ蕎麦。瑞々しく透き通る更科蕎麦は、細さに負けないコシと十一そばならではののど越しも滑らか。わっぱめしの山菜、天ぷらの具材、もちろんそば粉も地元のもの。上品で薄口な味付けなので、素材にギュッと閉じ込められた季節の味わいが手前に出てくる、うっとりするような仕上がり。

会津わっぱめし・1,100円

■MAP/P103-B-5
●営業時間/11:00〜14:00（冬期は11:30〜）●定休日/不定休※要確認 ●席数/70席 ●分煙 ●駐車場/15台(無料) ●交通/猪苗代・磐梯高原ICから車で10分・猪苗代町役場前
福島県耶麻郡猪苗代町城南139-1　TEL0242-62-5515

くいものや ラ・ネージュ

喫茶店の絶品手打ち蕎麦

地元産そば粉を使用した更科十割手打ち蕎麦が人気。瑞々しい喉ごしとコシの良さは一口で虜になる美味しさ。旬の地元野菜を使用した野菜の天ぷらが付く野菜天ざるそばや、ざるそば・ミニヒレソースカツ丼セット（1,100円）もオススメ。

メモ
平日・休日問わず、ほぼ満席で賑わっている大人気の店。

ざるそば・700円

■MAP/P103-B-5
●営業時間/11:30〜14:30※そばがなくなり次第終了 ●定休日/不定休 ●席数/30席 ●禁煙 ●駐車場/20台(無料) ●交通/猪苗代・磐梯高原ICより10分・猪苗代町役場前
福島県耶麻郡猪苗代町字城南140-1
TEL0242-62-5070

天盛りそば・1,400円

手打ちそば処 おおほり
木地小屋地区で長年蕎麦を栽培し、菜種油も自家製使用。

そば粉や菜種油も自家製の素材を使うこだわりぶり。一番粉をブレンドし、お湯だけでつなぐ手打ち更科蕎麦。コキコキした心地よい歯ごたえとのど越しの良さを味わえる。東日本大震災で損壊後、場所を少し移動後リニューアルオープン。

 お座敷有り

■MAP/P102-A-2
●営業時間/11:00～16:00 ●定休日/木曜日 ●席数/50席 ●禁煙 ●駐車場/30台(無料) ※大型バス可 ●交通/猪苗代・磐梯高原ICより15分
福島県耶麻郡猪苗代町大字若宮字家東乙624　TEL 0242-67-1566

天ざるそば・1,250円

手打蕎麦工房 そば楽人
猪苗代産の厳選そば粉で作る、のどごしのよい手打ち蕎麦

店主直筆の四季折々を描いた絵手紙作品の数々に心温まる手打ち蕎麦屋。厳選された良質のそば粉を使った透明感のある更科蕎麦。10月～2月の季節限定ではあるが、猪苗代町特産の希少品種"会津「葵」大根"の甘い緑色のおろしで食べる会津「葵」そばもオススメ。

 お座敷有り

■MAP/P103-B-5
●営業時間/11:00～15:30 ※売り切れ次第終了 ●定休日/木曜日 ●席数/28席 ●禁煙 ●駐車場/10台(無料) ●交通/猪苗代・磐梯高原ICより10分
福島県耶麻郡猪苗代町千代田ドウフケ34　TEL 0242-63-0313

天ざる蕎麦・1,690円

蕎麦物語 遊山
地下407メートルからこんこんと湧き出る水で打つ、更科系蕎麦

おすすめの一品は、猪苗代地区で収穫した山菜をメインに使用した天そば。深くコクのあるめんつゆは、打ちたての蕎麦の風味を包み込み絶妙な味を表現している。広々とした庭園の中にある純和風な店構え。レトロな雰囲気の店内で蕎麦処猪苗代を堪能できる。

 お座敷有り

■MAP/P102-B-1
●営業時間/11:00～16:00 ●定休日/水曜日 ●席数/28席 ●禁煙 ●駐車場/50台(無料) ●交通/猪苗代・磐梯高原ICより15分
福島県耶麻郡猪苗代町清水前2772　TEL 0242-72-1800

コンビプレート(エビチリマヨ＋地鶏からあげ)1,080円

CAFE オヤジ
遊び心いっぱいのカフェでしっかりご飯

オーナー手造りのアンティーク風家具や古民家の古い柱、様々な色や形の椅子が居心地のいい空間を演出するお店。ボリュームたっぷりのランチは、地元野菜を中心とした小鉢4品がつく定食スタイル。ご飯は大、中、小、どれを選んでも料金は同じという気前の良さだ。人気のコンビプレートは白もつ炒めや焼メンチなど10種類から2品をチョイス。もちろん、コーヒーや紅茶、スイーツも充実している。

 お座敷・ソファー有り

■MAP/P103-D-2
●営業時間/11:00～21:00(LO20:00) ●定休日/木曜日(祝日の場合は営業。その前後で休み) ●席数/45席 ●禁煙 ●駐車場/20台(無料) ●交通/猪苗代磐梯高原ICから車で5分、野口英世記念館向かい
福島県耶麻郡猪苗代町大字三ツ和字家北770-1　TEL 0242-93-9387

Cafe & sweet's
カフェ&スイーツ

TARO CAFÉ
猪苗代湖畔の景色を眺めながら至福のひととき

洗練されたシックなインテリア空間のカフェ、猪苗代湖畔の自然豊かな風景を望む贅沢なロケーション。季節のフルーツを使ったショートケーキやタルト、チーズケーキなどの手作りスイーツは、どれも秀逸。自家焙煎の珈琲とともに、ゆったり過ごせる。

■MAP/P103-D-5
●営業時間/10:00～18:00(17:00LO)●定休日/水曜日※オフィシャルサイト参照●席数/30席●禁煙●駐車場/20台(無料)●交通/猪苗代・磐梯高原ICから車で5分
福島県耶麻郡猪苗代町堅田入江村前7043
TEL0242-62-2371

> **メモ**
> 夕暮れ時のテラス席は、特におすすめ。オレンジ色の夕陽に包まれ、昼間とは違ったロマンティックな雰囲気。窓から沈みゆく夕陽を望める。白銀の冬も、蕎麦の花咲く秋も…四季を通して良い眺め。ショップにて、ケーキや焼き菓子のテイクアウトおよびオリジナルグッズが購入できる。

カプチーノ・630円

DENDEN COFFEE
自家焙煎の珈琲を気軽な雰囲気で

TARO CAFÉのテイクアウト、セルフサービスのお店。オーナーがこだわって選んだ質のいい珈琲豆を自家焙煎。好きな豆を選んでエスプレッソを中心に楽しめる。珈琲豆の販売、テイクアウト用のタルトやチーズケーキ、クッキーなどお菓子も人気。

■MAP/P103-D-5
●営業時間/10:00～18:00(17:00LO)●定休日/毎月最終木曜日と年末。※オフィシャルサイト参照●席数/30席●禁煙●駐車場/20台(無料)●交通/猪苗代・磐梯高原ICから車で5分
福島県耶麻郡猪苗代町堅田入江村前7043　TEL0242-62-2371

> **メモ**
> ケーキはテイクアウトOK。洋風の本格的コース料理の食事もできるカフェレストラン。

マルゲリータ・1,400円

ピッツア&レストラン梨の木
石窯焼きのピッツア

石窯焼きのピッツアは、クリスピータイプの薄焼き。フルーツを使ったデザートのようなピッツアもあり、甘く香ばしい温かなフルーツはチーズとも合う。他に定食メニューも揃っており、気軽な喫茶店のような雰囲気のお店。

■**MAP/P103-B-5**
●営業時間/11:00〜20:00●定休日/火曜日
●席数/36席●禁煙●駐車場/10台(無料)
●交通/国道115線沿い
福島県耶麻郡猪苗代町梨木西50-1
TEL0242-62-3814

デセール カワウチ
ケーキ・デザートと洋食のカフェレストラン

ケーキスペシャルセット(ドリンク付)・1,050円

お得なケーキスペシャルセットは、お好きなケーキ3品をドリンク付でイートイン。多彩なケーキの他、地元伝統菓子の猪苗代しみもちは土産物としてもオススメ。猪苗代町特産の「磐梯桃太郎トマト」を使用したオリジナルのトマトパンも人気。

■**MAP/P103-A-5**
●営業時間/10:00〜20:30(ラストオーダー)●定休日/水曜日※祝日・イベント時は営業・翌日休業●席数/30席●禁煙●駐車場/12台(無料)●交通/猪苗代・磐梯高原ICから車で10分
福島県耶麻郡猪苗代町五百苅138-1 TEL0242-62-4359

豆ずり餅4粒入・500円

> **メモ**
> 定番の会津名物ソースかつ丼はさっぱりとしたオリジナルソースでボリューム満点(ソースかつ丼950円)。無線LAN可。

ドライブイン磐尚
猪苗代産にこだわった家族で営むアットホームな食事処

猪苗代のそば粉、天の香を使用したこだわりの十割手打ちそばは、サクサク揚げたての天ざるそばがオススメ。ぜひ、そば湯までおいしく召し上がってほしい。
豆ずり餅は枝豆、もち米ともに猪苗代産。すり鉢で潰すあんとこしのある餅は毎朝の手作りにこだわっている。持ち帰りも可能。

■**MAP/P102-D-3**
●営業時間9:00〜17:00●定休日/無休●席数/48席●禁煙●駐車場/有り(無料)●交通/猪苗代・磐梯高原ICより5分、国道49号沿い野口英世記念館隣
福島県耶麻郡猪苗代町三ツ和字前田80-2
TEL 0242-65-2851

天ざるそば・1,300円

USドッグ・880円

HEROバーガー・850円

Coffee Shop HiRo

ボリューム満点！アメリカンサイズのバーガー

猪苗代湖を眺望できるアメリカンな雰囲気の店。BIGなハンバーガーや全長40cmもあるUSドッグを豪快に頬張りたい。自家製バンズ、ジューシーなパティ、店自慢の厚切りベーコンなどとのハーモニーは絶品。HEROバーガーの他、会津産馬肉を使用した「馬い！さくらバーガー」もオススメ。

■MAP/P102-B-3

●営業時間/9:30～19:00(木曜日9:30～15:00)
●定休日/金曜日 ●席数/23席＋テラス20席(冬季以外) ●喫煙 ●駐車場/30台(無料) ●交通/県道7号沿い
福島県耶麻郡猪苗代町上村前1574
TEL0242-72-0530

混雑時など状況に応じて不可の場合あり

ガーデンローズ 茶房そら

オープンガーデンでティータイム

自家製の紅茶シフォンケーキや焼きたてパンのランチ、季節の食材を使った和洋菓子などが味わえるお店です。四季折々に彩るイギリス風のオープンガーデンを眺めながら、こだわりの美味しいコーヒーや紅茶とセットでお楽しみください。

■MAP/P103-A-5

●営業時間/木・金・土・11:00～17:00のみ営業(※日曜日は要問合せ) ●定休日/1月～4月中旬及び8月休業 ●駐車場/8台(無料) ●交通/猪苗代・磐梯高原ICから車で8分
福島県耶麻郡猪苗代町堤5031 TEL.0242-62-2421

Sweet's

ビルゴ洋菓子店
本場ヨーロッパ仕込みのケーキと洋菓子

ケーゼは、ビスケットのように甘く香ばしく焼きあげられたタルト生地に、コクと爽やかな酸味のあるチーズが濃厚な味わいを生んでおり、ビルゴの定番人気ケーキ。ケーキなど生菓子の他、焼き菓子、チョコ菓子も多種多様に揃えられており、プレゼント選びにもピッタリ。

■ MAP/P103-B-5
●営業時間/10:00〜19:00 ●定休日/火曜日 ●禁煙 ●駐車場/10台(無料) ●交通/猪苗代・磐梯高原ICから車で5分
福島県耶麻郡猪苗代町字梨の木47-3
TEL0242-62-5472

ケーゼ・320円

ケーキ・150円〜

お菓子工房 Fuchs Berg
地元産お野菜で優しい味わいのスイーツ

かぼちゃなどの野菜をはじめ、会津地鶏の卵、蕎麦、果物など地元猪苗代町産もしくは福島県内産の食材を活かして作られ、甘さも控えめなケーキが多い。焼き菓子も豊富。

■ MAP/P103-B-5
●営業時間/10:00〜18:00 ●定休日/月曜日 ●禁煙 ●駐車場/5台(無料) ●交通/猪苗代・磐梯高原ICから車で10分
福島県耶麻郡猪苗代町磐里角田73-1
TEL0242-62-5539

和菓子処 会津豊玉
あでやかに四季を写す和菓子

スイーツ激戦区和菓子の名店。店主は菓子博覧会で数々の賞を受賞しており、小豆ひとつとっても有機栽培にこだわる。葛と合わせてふるふるのようかんに仕立てたり、おまんじゅうの中のさらりとしたこし餡にしたりと素材を知り尽くした丁寧な仕事が魅力。人気のしらゆき(190円)はしっとりほっくり炊きあげた栗とこし餡を柔らかな求肥で包み、もっちりとした食感と上品な甘さは男性にも人気。

■ MAP/P103-B-5
●営業時間/平日9:00〜17:00、土日祝日9:00〜18:00 ●定休日/水曜日(月に一度不定休有り) ●禁煙 ●駐車場/5台(無料) ●交通/猪苗代・磐梯高原ICから車で5分・猪苗代警察署並び
福島県耶麻郡猪苗代町字芦原10-2
TEL0242-62-2110

裏磐梯【うらばんだい】

一番大きな檜原湖をはじめ、美しい色合いをみせる湖沼群
その風光明媚に魅了され散策や滞在する人も数知れず
洗練されたレストランやスイーツ店もつぶぞろい
その昔には米沢に抜ける街道もあり、神秘的な歴史も感じるところ

桧原湖遊覧船

裏磐梯の湖沼群の中で最も大きい湖"桧原湖"はコバルトブルーの穏やかな湖面。複雑な湖岸とあいまって、神秘的な風景が広がる中の島めぐりは桧原湖の魅力に吸込まれそう。

裏磐梯物産館

正面には磐梯高原駅と桧原湖の遊覧船乗り場、物産館を通り抜ければ五色沼への入り口につながる。アクセス・遊びに便利な場所に位置する物産館。会津の地場産品や新鮮野菜など、全会津の農産品の展示即売スペースもある。（冬季休館）

裏磐梯サイトステーション

裏磐梯のトレッキングや登山情報の発信基地。自然探勝路の最新情報やトレッキングマップも入手できる。くつろげる休憩コーナーがありトレッキング中の休憩所としても利用可能。

道の駅裏磐梯

道の駅インフォメーションコーナーとして、周辺の道路情報、観光情報をドライバーに提供。裏磐梯高原の文化や地域情報、さらには、観光情報と様々な形で情報を発信。

【裏磐梯エリア】

104

ホテル&リストランテ
イル・レガーロ

メモ
ホテルも兼ねており、ディナーのフルコースもおすすめ。赤ワインの種類が多いのでご宿泊の際には是非。

本格イタリアンを裏磐梯の眺望が楽しめる高原リゾートで!

シェフのこだわりのひとつが地産地消。自ら畑を耕し野菜を栽培。三島産会津地鶏や地物キノコなど、なるべく地元産の食材を使っている。幅の広いタリアテッレを使ったパスタは、ソースもクリーミーでコクがある。味、雰囲気、景色が十分に満足のお店。

Italian & sweet's

■**MAP/P104-D-3**
●営業時間/11:30〜15:00・17:30〜20:00 ●定休日/火曜日 ●禁煙 ●駐車場/20台(無料) ●交通/猪苗代・磐梯高原ICから車で20分
福島県耶麻郡北塩原村裏磐梯五色沼入口1093　TEL0241-37-1855

🐕 テラス席ペット可

ヒロのお菓子屋さん
(剣ヶ峯テイクアウト店)

**裏磐梯特産で作った
花豆もんぶらん"会津嶺"**

豆の味を生かし甘さ控え目のまったりとした口当たりの花豆もんぶらん。会津の山塩を使用することでより甘さを引き立てたガトー塩っこら。素材を活かし丁寧に作られたお菓子に今までの概念が変わる。ふくしま特産品コンクールで受賞も納得。

磐梯吾妻レークライン
至福島

■**MAP/P104-D-3**
●営業時間/10:00〜17:00 ●定休日/水曜日 ●席数/3席 ●禁煙 ●駐車場/5台(無料) ●交通/猪苗代磐梯高原ICから車で30分
福島県耶麻郡北塩原村桧原剣ヶ峯1093　TEL 0241-32-2730

秋元湖

五色沼
五色沼は、正式には五色沼湖沼群とよばれ、毘沙門沼、赤沼、みどろ沼、弁天沼、瑠璃沼、青沼などのいくつかの沼で構成されています。

裏磐梯ビジターセンター
公園の自然をわかりやすく展示・解説し、自然とふれあうきっかけをつくってもらうための施設。トレッキングや登山、自然観察についてのアドバイスをしてもらえるので、気軽にたずねてみてはいかが?

メモ
曽原湖レイクウッド本店は、カフェとペンションを経営。カフェの営業時間は10:00〜17:00。火・水曜日定休。福島県耶麻郡北塩原村大字桧原字曽原山1095-47
TEL0241-32-2730

■**MAP/P104-B-3**

ハーブスペース バンディア

喫茶テラスでいただくサンドメニュー。
ハーブ&アロマが香る心地よいガーデン

保存料、添加物無しのハーブソーセージのサンドは、ブレッツェルベーグルとミニバケットから選べる。ハーブティーも各種あるので、ハーブ好き上級者も大満足。贅沢なクロワッサンや人気のアップルパイなど、おいしいヨーロッパのグルメパンもおすすめ。

■MAP/P104-B-2
●営業時間/9:00〜17:00●定休日/水・木曜日●席数/20席●禁煙●駐車場/30台(無料)●交通/猪苗代・磐梯高原ICから車で30分
福島県耶麻郡北塩原村桧原字曽原山1096
TEL 0241-32-2829

メモ
お店の方とのハーブ・アロマや健康に関する全般のおしゃべりで、心地よい癒された時間が過ごせる。

パン工房 ささき亭

元フレンチシェフのオーナーが焼き上げる、こだわりパン。

パンの種類も多く全てにこだわりがある。使用している生地(粉)、卵、トマト、サラダ菜、キュウリ、フリーレタス、玉ねぎなどなど産地を選んで仕入れる。ラスクも美味しく、袋の中にいろんな種類が入っているのが嬉しい。喫茶コーナーではパンとコーヒーをゆっくり楽しめる。

メモ
テイクアウトOK。美味しく食べられる温め方を教えてくれる。

パン・110円〜

■MAP/P104-C-3
●営業時間/8:00〜18:00(パンがなくなり次第閉店)●定休日/月・火曜日●席数/20席●禁煙●駐車場/10台(無料)●交通/猪苗代・磐梯高原ICから車で30分
福島県耶麻郡北塩原村大字桧原字甚九郎沢山 TEL 0241-32-2824

【裏磐梯エリア】猪苗代・磐梯高原C

レストランモントレー

裏磐梯の景色が美しい品よく落ち着いた店内。
人気のハンバーグステーキをどうぞ。

自家製デミグラソースが自慢で、厳選されたお肉で作るハンバーグステーキはふんわりジューシー。お肉の旨みがダイレクトに味わえる黒胡椒味も美味。季節にもよるが、このときの自家製デザートはこけもものシャーベット。果実たっぷりで甘さ控え目で素材の味が口の中に広がる一品。

■MAP/P104-D-3
●営業時間/9:00〜17:00 ●定休日/水曜日 ●席数/70席 ●禁煙 ●駐車場/30台(無料) ●交通/猪苗代・磐梯高原ICから車で30分
福島県耶麻郡北塩原村大字桧原字剣ヶ峯1093　TEL0241-32-2623

 ソファー席あり　テラス席ペット可

ハンバーグステーキ・単品1,600円(税込)

桧原宿 Sio-YA (シオヤ)

會津米澤街道でしか味わえない!
幻の会津山塩ラーメン!?

大塩裏磐梯温泉の温泉水を煮詰め天日干しにした貴重な山塩。その山塩を使ったスープは透明でやさしくまろやかな味。ほどよく縮れた麺によく合い、塩味のチャーシューも味わい深く柔らかい。會津米澤街道桧原歴史館内にあり、ここでしか食べられないところが幻というところ。喜多方にあるラーメン店「喜一」と姉妹店。

会津山塩ラーメン 700円

メモ
會津米澤街道桧原歴史史館は、営業時間が9:00〜17:00で入場無料。定休日は火曜日。江戸時代に設置された「検断屋敷」だが、明治21年の磐梯山噴火の後再築されたものをさらにここへ移築。會津米澤街道の役割と人々の生活などを紹介している。

■MAP/P104-A-1
●営業時間/10:00〜15:00(材料なくなり次第閉店) ●定休日/火曜日 ●席数/22席 ●喫煙 ●駐車場/10台(無料) ●交通/猪苗代・磐梯高原ICから車で50分
福島県耶麻郡北塩原村大字桧原字芋畑沢1034-19
TEL0241-34-2200

 お座敷有り

お食事処 水　峰 (すいほう)

店主が栽培した蕎麦で打つ手打ち蕎麦が絶品。

メニュー豊富なログハウス造りの食堂。その中でも店主の手打ち蕎麦が絶品。"やせうま"という裏磐梯の郷土菓子は、花嫁ささげのあんをそば粉で包んだもの。揚げやせうまは水峰のオリジナル。味、ボリューム共に満足でき、昼時には地元のお客さんで賑わう。

■MAP/P104-D-3
●営業時間/11:00〜16:00 ●定休日/水曜日 ●席数/40席 ●禁煙 ●駐車場/20台(無料) ●交通/猪苗代・磐梯高原ICから車で30分
福島県裏磐梯高原剣ヶ峯1093
TEL 0241-32-2003

メモ
ソースカツ丼やうどんもかなりの人気メニュー。店内Wi-Fi可。

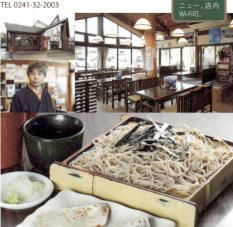

会津でみつけた自分ご

✧干支の置き物（小）¥300（中）¥500
✧干支のストラップ¥400

✧会津干支お椀（黒／赤）
伝統の会津漆器に幸福祈願をした干支を金刷してあります。
各¥1,500

✧会津干支湯のみ
幸福祈願をした湯のみで毎日美味しいお茶を飲んで下さい。¥700

✧ややっこマグカップ
十二支のかわいいあかちゃんたち！
¥1,500

✧小法師の皿とスプーン
皿¥550・箸¥800～
スプーン（小）¥350・（大）¥500

会津干支小法師　カツヲデザインルーム ショップかてる ‖会津若松市‖

会津のお寺で幸福祈願した名称の会津干支小法師は、十二支の置き物・根付け・絵ろうそくなど可愛い縁起物です。本店では干支の絵付け体験（要予約）ができます。大町店は会津のお菓子や珍味などを取り揃えています。

●【本店】●営業時間/9:00～18:00 ●駐車場/5台 ●交通/会津若松駅より徒歩20分
●【大町店】●営業時間/10:30～16:00 ●駐車場/無 ●交通/七日町駅より徒歩10分
●定休日/両店とも不定休　TEL0242-28-6651　http://www.aiaiaizu.com/

創業222年の老舗蔵で、全国の酒蔵から市販されている日本酒のナンバーワンを決める品評会「サケコンペディション2015」にて会津中将が一位に輝きました。

✧奥会津焼酎　ねっか
"ねっか"は、小さな町の日本一小さな蒸留所から生まれた米焼酎。蔵人たちが自ら、先祖伝来の土地で米を育て、森から湧き出る水で仕込みました。
720ml　¥1,500

✧会津中将　純米吟醸ゆり
720ml　¥1,900

✧会津中将　純米大吟醸ゆり
720ml　¥2,500

✧稲川酒造　七重郎　純米無濾過生原酒
720ml　¥1,676
1,800ml　¥2,857

IWCインターナショナルワインチャレンジで2015チャンピオン受賞。ロンドンで日本酒部門876銘柄の世界一の大規模試飲会で日本酒部門876銘柄の中から最高賞の「チャンピオン・サケ」に選ばれた世界一の称号を手に入れたお酒です。

✧会津ほまれ　純米大吟醸　播州産山田錦
720ml　¥3,000
1,800ml　¥5,000

会津松市地元の蔵元「名倉山」。会津の人にこよなく愛されるこのお酒が、近年ますます品質が認められ、全国から問合せ注文が絶えない。この青ラベルは会津地区当店限定商品です。

✧名倉山酒造　純米吟醸　青ラベル
720ml　¥1,470
1,800ml　¥2,600

東北唯一のウイスキー蒸留所「安積蒸留所」。会津の気候、水、風土によって生まれた福島のウイスキーを楽しみください。全国でも数少ない地ウイスキーをお楽しみください。

✧笹の川酒造
YAMAZAKURA ピュアモルトウイスキー
700ml　¥2,000

会津若松市地元の雪酒造場「名倉山」。会津のトチの木の花から採取した蜂蜜を原料に飯豊山の伏流水と解凍のような味わいのお酒が誕生しました。

✧峰の雪酒造場
会津ミードワイン　美禄の森
520ml　¥3,000

✧新鶴のあわ
会津唯一のスパークリングワイン
福島県新鶴地区でシャルドネで仕上げたスパークリングワイン。美しい色と滑らかな味わい、ゴージャスで洗練された"あわ"をお楽しみ下さい。
720ml　¥1,886

三代目 酒や しもだいら ‖会津若松市‖

会津地酒のみならず全国の名門銘酒を取り揃え、酒類全般常時4000アイテム以上。会津地区ではここだけが取り扱う酒も多く、飲食店の仕入れ場にもなっている。季節ごとに試飲会やイベントも多数あります。

●営業時間/9:00～19:30 ●定休日/毎月第三日曜日 ●駐車場/12台、大型バス可 ●交通/会津若松ICより車で5分、七日町駅より徒歩5分
福島県会津若松市西七日町7-3　TEL0242-24-3563

のみのかわいいお土産

❖ 黒しのぎフリーマグ　¥1,800
手彫りの縞模様が手作りのやさしい風合で、現代の生活にあったシンプルなデザイン。

❖ 白しのぎたっぷりマグ　¥1,800

❖ 白黒カフェオーレボール　¥1,300

❖ 白しのぎショートカップ　¥1,500

❖ 起き上がり小法師はし置き　¥200

❖ 加彩カフェオレボール　¥1,800
やさしい色合いのにぎやかなカップ 楽しいお茶時間をどうぞ。

❖ 加彩ビックマグ　¥2,500
自分のための癒しの時間を…

❖ 灰釉カフェオレボール　¥1,500
会津本郷焼の伝統的なうぐいすり。コーヒーでもお茶でもOK。

会津本郷焼　樹ノ音工房 ‖ 会津美里町 ‖

陶芸体験教室・随時受け付け
てびねり／500g ¥1000〜
絵付け絵皿／¥800
電動ロクロ／使用料¥500＋粘土代

● 営業時間／9:00〜17:30 ●
● 定休日／無休　駐車場／5台（無料）● 交通／新鶴SICより車で30分・会津若松ICより車で40分
福島県大沼郡会津美里町字瀬戸町3272-1　TEL0242-56-5098
URL http://www.kinooto.com/

数量限定販売の有機認定を受けた山城屋トップレベルのコシヒカリ。驚くべきは食味値が1年経過してもほとんど食味値が落ちない。

有機栽培

❖ 会津白虎米
5kg／5,400円

※玄米での販売・希望により精米可能
無農薬・無化学肥料（有機肥料）栽培米
食味値：95（平成22年度産）

特別栽培

❖ 無農薬白虎米
2kg／1,728円

山城屋一番人気のお米として毎年好評通常1反（300坪）で10俵とれるコシヒカリ。これは1反で7俵、認定レベルの方法で収量を下げてでも味を優先し、大事に育てたお米。

無農薬・無化学肥料（有機肥料）栽培米。
食味値：91（平成22年度産）

限りなく無農薬に近い作り方をしたお米。除草剤を1回使用以降は栄養を吸い取る雑草をひたすら手で抜く。生産農家の手間隙おしまずに育てたおいしいお米です。

特別栽培

❖ 減農薬白虎米
2kg／1,512円

減農薬・無化学肥料（有機肥料）栽培米
食味値：90（平成22年度産）

粘りが強く、やわらかいのが特徴。冷めても硬くなりにくくお弁当やおにぎりにも最適なお米。非常にモチモチしており、試食販売を行う物産展において人気の高いお米。

特別栽培

❖ 減農薬 ミルキークイーン
1kg／648円

白鳥が飛来する猪苗代湖周辺で、有機肥料を使用し減農薬にて栽培。コシヒカリと比べると硬めであっさりした味が特徴。

❖ 会津産 減農薬
あきたこまち
2kg／864円

株式会社　山城屋 ‖ 会津若松市 ‖

山城屋のお米はすべて契約農家が作付けしています。肥料や育て方まで細かく打ち合わせ、日々情報収集と勉強をしながらおいしいお米を作るために農家と一緒に努力しております。

● 営業時間／9:00〜18:00
● 定休日／日曜日 ● 交通／会津若松ICより車で15分・JR会津若松駅より徒歩15分　福島県会津若松市蚕養町1-6　TEL0120-18-0141
（通販サイト）http://aizumai.jp

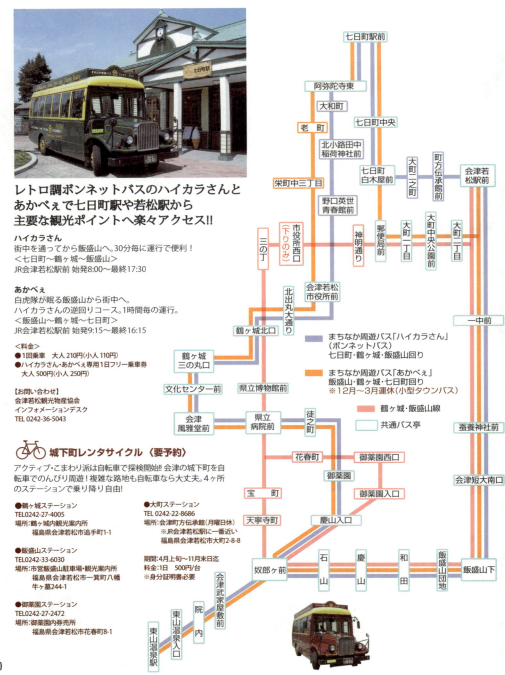

レトロ調ボンネットバスのハイカラさんとあかべぇで七日町駅や若松駅から主要な観光ポイントへ楽々アクセス!!

ハイカラさん
街中を通ってから飯盛山へ。30分毎に運行で便利！
＜七日町〜鶴ヶ城〜飯盛山＞
JR会津若松駅前 始発8:00〜最終17:30

あかべぇ
白虎隊が眠る飯盛山から街中へ。
ハイカラさんの逆回りコース。1時間毎の運行。
＜飯盛山〜鶴ヶ城〜七日町＞
JR会津若松駅前 始発9:15〜最終16:15

＜料金＞
● 1回乗車 大人210円(小人110円)
● ハイカラさん・あかべぇ専用1日フリー乗車券
　大人500円(小人250円)

＜お問い合わせ＞
会津若松観光物産協会
インフォメーションデスク
TEL 0242-36-5043

城下町レンタサイクル ≪要予約≫

アクティブ・こまわり派は自転車で探険開始!! 会津の城下町を自転車でのんびり周遊！複雑な路地も自転車なら大丈夫。4ヶ所のステーションで乗り降り自由！

● 鶴ヶ城ステーション
TEL 0242-27-4005
場所：鶴ヶ城観光案内所
　　　福島県会津若松市追手町1-1

● 飯盛山ステーション
TEL 0242-33-6030
場所：市営飯盛山駐車場・観光案内所
　　　福島県会津若松市一箕町八幡
　　　牛ヶ墓244-1

● 御薬園ステーション
TEL 0242-27-2472
場所：御薬園内券売所
　　　福島県会津若松市花春町8-1

● 大町ステーション
TEL 0242-22-8686
場所：会津町方伝承館(月曜日休)
　　　※JR会津若松駅に一番近い
　　　福島県会津若松市大町2-8-8

期間：4月上旬〜11月末日迄
料金：1日 500円/台
※身分証明書必要

まちなか周遊バス「ハイカラさん」
(ボンネットバス)
七日町・鶴ヶ城・飯盛山回り

まちなか周遊バス「あかべぇ」
飯盛山・鶴ヶ城・七日町回り
※12月〜3月運休（小型タウンバス）

鶴ヶ城・飯盛山線
共通バス亭

道の駅ご案内

西会津IC
① 1.3 km 3分
会津三島 ③ 14.6 km 32分
会津柳津 ② 6.2 km 10分
10 km 15分
会津坂下IC
会津坂下 ④
新鶴スマートIC
8 km 15分
⑤ 喜多方 21.5 km 37分
会津若松IC
2 km 4分
磐梯河東IC
⑥
猪苗代磐梯高原IC
100m 1分
猪苗代 ⑧
裏磐梯 ⑦ 26.4 km 48分

❶道の駅 にしあいづ
- 路線：国道49号
- 所在地：福島県耶麻郡西会津町野沢字下條1969-26
- 電話番号：0241-48-1512
- 施設：情報端末、特産販売所、レストラン、障害者用トイレ、障害者専用駐車マス、ベビーベッド、交流館

❷道の駅 会津柳津
- 路線：国道252号
- 所在地：福島県河沼郡柳津町柳津字下平乙181-1
- 電話番号：0241-42-2324
- 施設：特産販売所、レストラン、障害者用トイレ、障害者専用駐車マス、ベビーベッド、美術館、劇場舞台、交流館、自動販売機コーナー

❸道の駅 尾瀬街道みしま宿
- 路線：国道252号
- 所在地：福島県大沼郡三島町川井字天屋原610
- 電話番号：0241-48-5677
- 施設：特産販売所、レストラン、障害者用トイレ、障害者専用駐車マス、観光案内所、自動販売機コーナー、展望台

❹道の駅 あいづ 湯川・会津坂下
- 路線：国道49号線
- 所在地：福島県河沼郡湯川村大字佐野目字五丁ノ目78-1
- 電話番号：0241-27-8853
- 施設：特産販売所、レストラン、農産物直売所、障害者用トイレ、障害者専用駐車マス、授乳室、情報施設、交流促進施設、道路状況提供施設、無線LAN、防災設備、EV充電器

❺喜多の郷
- 路線：国道121号
- 所在地：福島県喜多方市松山町鳥見山字三町歩5598-1
- 電話番号：0241-21-1139
- 施設：特産販売所、レストラン、公園、障害者用トイレ、障害者専用駐車マス、ベビーベッド、温泉保養施設、劇場舞台、四季彩館

❻道の駅 ばんだい
- 路線：主要地方道猪苗代塩川線
- 所在地：福島県耶麻郡磐梯町大字磐梯字十王堂38
- 電話番号：0242-74-1091
- 施設：特産販売所、レストラン、障害者用トイレ、障害者専用駐車マス、特産品直売所、無線LAN

❼道の駅 裏磐梯
- 路線：国道459号
- 所在地：福島県耶麻郡北塩原村桧原字南黄連沢山1157
- 電話番号：0241-33-2241
- 施設：情報端末、特産販売所、レストラン、公園、障害者専用駐車マス、ベビーベッド、展望台、交流館

❽道の駅 猪苗代
- 路線：国道115号
- 所在地：福島県耶麻郡猪苗代町大字堅田字五百苅1番地
- 電話番号：0242-36-7676
- 施設：農産物、物産品、レストラン、軽食、情報コーナー、多目的トイレ

食べ歩き地元ブロガーおすすめ会津グルメ

コンシェルジュ【改訂新版】

2011年　7月4日　　　初版第1刷発行
2018年　10月29日　　第7刷発行

発行人　阿部　隆一

■企画・編集／あいづね情報出版舎有限会社
　　　　　　福島県会津若松市門田町大字御山字村中332-1
　　　　　　TEL0242-27-3130・FAX0242-26-5603
　　　　　　E-mail aizune@knpgateway.co.jp

■発　行　所／歴史春秋出版株式会社
　　　　　　福島県会津若松市門田町中野大道東8-1
　　　　　　TEL0242-26-6567・FAX0242-27-8110
　　　　　　http://www.knpgateway.co.jp/knp/rekishun/

■制作・印刷／北日本印刷株式会社

お店の詳細情報や商品及び料金は2018年4月現在のものです。お店の事情により予告無く変更される場合がございますのであらかじめご了承ください。またアクセス所要時間等は平常時を参考とした目安です。繁忙期には多少変動することがありますのでご注意ください。

本書のコピー、スキャン、デジタル化等の無断複製は著作権法上での例外を除き禁じられています。本書を代行業者等の第三者に依頼してスキャンやデジタル化することは、たとえ個人や家庭内での利用であっても著作権法上認められておりません。

本誌に記載されている写真・記事などの無断掲載、転載を禁じます。
落丁・乱丁はお取替えいたします。

©Aizune Jyohou Syupansya & Rekishisyunjyu Syuppankabushikigaisya
ISBN978-4-89757-766-1

| ブロガーライター |

西会津・会津美里・会津坂下方面担当
蕎麦にはそば粉、和菓子には小豆など、基本になる食材のこだわりをもつ職人さんが多く、会津人の頑固な気質を感じ取れました。その厳しさはお客様への優しさやおいしさ、おもてなしの心につながっていると思います。会津のごはんやおやつで、みなさんの笑顔と元気があふれることを願います。

紅茶インストラクター・田中ひとみ
ORIORI STYLE
http://bolg.livedoor.jp/oriori1211/

会津若松・大内宿方面担当
大好きな会津の魅力を伝える為のお手伝いをさせて頂けた事、この上なく光栄に思っております。素人の慣れない取材で苦労もありましたが、それ以上に会津の食・人・文化にますます魅了される大変有意義な経験となりました。いずれ、本書を片手に会津旅を楽しんで下さっている方々をお見かけする日が来る事を夢見ています。
るるぷぅ
るるぷぅAizu
http://ruruaizu.blog61.fc2.com/

喜多方・裏磐梯方面担当
私が生まれ育った会津には古き良き、そして新しきものが多数あります。良い心・良い食事・良い心地。普段から私が大切にしていることです。気軽に立ち寄れる、癒される、元気になれる、ご褒美をあげたくなったら訪れたい…などそれぞれのシチューエーションに合わせて楽しむのも自分流です。
喜多方観光コンシェルジュ
食べ歩き大好き・好奇心旺盛な三児の母
大竹好子

ご協力下さった皆様へ感謝申し上げます。
会津には美味しいものが
まだまだたくさんあります。
この本を手にとって下さったあなた。
何度でも会津さ来てくなんしょ。
會津ManMaコンシェルジュが
心よりお待ち申し上げております。

■情報協力／西会津町観光協会、柳津観光協会、会津坂下町観光協会、会津美里町観光協会、喜多方観光協会、会津若松観光物産協会、大内宿観光協会、猪苗代観光協会、裏磐梯観光協会、株式会社テクニカルスタッフ、有限会社F-eyse
■写　　真／富士写真工房・鈴木富士男、小林写真館・田中将、長嶋香織、田中ひとみ、吉田利昭、猪苗代湖の自然を守る会・鬼多見賢、森のフォレストランド・橋口直幸・新城伸子
■イラスト／吉田利昭
■表　　紙／Café & marche Hattando